U0530714

国家智库报告 2019（31）
National Think Tank

中国非洲研究院文库·智库系列

中欧非三方合作可行性研究

周瑾艳 著

CHINA-EUROPE-AFRICA TRILATERAL
COOPERATION: A FEASIBILITY STUDY

中国社会科学出版社

图书在版编目（CIP）数据

中欧非三方合作可行性研究／周瑾艳著．—北京：中国社会科学出版社，2019.10

（国家智库报告）

ISBN 978-7-5203-5459-2

Ⅰ.①中… Ⅱ.①周… Ⅲ.①国际合作—研究报告—中国、欧洲、非洲 Ⅳ.①D8

中国版本图书馆 CIP 数据核字（2019）第 232600 号

出 版 人	赵剑英
项目统筹	王　茵
责任编辑	喻　苗
责任校对	朱妍洁
责任印制	李寡寡

出　　版	中国社会科学出版社
社　　址	北京鼓楼西大街甲 158 号
邮　　编	100720
网　　址	http://www.csspw.cn
发 行 部	010-84083685
门 市 部	010-84029450
经　　销	新华书店及其他书店

印刷装订	北京君升印刷有限公司
版　　次	2019 年 10 月第 1 版
印　　次	2019 年 10 月第 1 次印刷

开　　本	787×1092　1/16
印　　张	11.25
插　　页	2
字　　数	115 千字
定　　价	68.00 元

凡购买中国社会科学出版社图书，如有质量问题请与本社营销中心联系调换
电话：010-84083683
版权所有　侵权必究

充分发挥智库作用
助力中非友好合作

——《中国非洲研究院文库》总序

当今世界正面临百年未有之大变局。世界多极化、经济全球化、社会信息化、文化多样化深入发展，和平、发展、合作、共赢成为人类社会共同的诉求，构建人类命运共同体成为各国人民共同的愿望。与此同时，大国博弈激烈，地区冲突不断，恐怖主义难除，发展失衡严重，气候变化凸显，单边主义和贸易保护主义抬头，人类面临许多共同挑战。中国是世界上最大的发展中国家，是人类和平与发展事业的建设者、贡献者和维护者。2017年10月中共十九大胜利召开，引领中国发展踏上新的伟大征程。在习近平新时代中国特色社会主义思想指引下，中国人民正在为实现"两个一百年"奋斗目标和中华民族伟大复兴的"中国梦"而奋发努力，同时继续努力为人类做出新的更大的贡献。非洲是发展中国家最集中的大陆，是维护世界和平、促进全球发展的重要力量之一。近年来非洲在自主可持续发展、联合自强道路上取得了可喜进展，从西方眼中"没有希望的大陆"变成了"充满希望的大陆"，成为"奔跑的雄狮"。非洲各国正在积极探索适合自身国情的发展道路，非洲人民正在为实现"2063年议程"与和平繁荣的"非洲梦"而努力奋斗。

中国与非洲传统友谊源远流长，中非历来是命运共同体。中国高度重视发展中非关系，2013年3月习近平同志担任国家主席后首次出访就选择了非洲，2018年7月习近平同志连任国家主席后首次出访仍然选择了非洲。6年间，习近平主席先后4次踏上非洲大陆，访问坦桑尼亚、南非、塞内加尔等8国，向世界表明中国对中非传统友谊倍加珍惜，对非洲和中非关系高度重视。2018年中非合作论坛北京峰会成功召开。习近平主席在此次峰会上，揭示了中非团结合作的本质特征，指明了中非关系发展的前进方向，规划了中非共同发展的具体路径，极大完善并创新了中国对非政策的理论框架和思想体系，成为习近平外交思想的重要理论创新成果，为未来中非关系的发展提供了强大政治遵循和行动指南，是中非关系发展史上又一次具有里程碑意义的盛会。

随着中非合作蓬勃发展，国际社会对中非关系的关注度不断加大，出于对中国在非洲影响力不断上升的担忧，西方国家不时泛起一些肆意抹黑、诋毁中非关系的奇谈怪论，诸如"新殖民主义论""资源争夺论""债务陷阱论"等，给中非关系发展带来一定程度的干扰。在此背景下，学术界加强对非洲和中非关系的研究，及时推出相关研究成果，提升国际话语权，展示中非务实合作的丰硕成果，客观积极地反映中非关系良好发展，向世界发出中国声音，显得日益紧迫重要。

中国社会科学院以习近平新时代中国特色社会主义思想为指导，按照习近平主席的要求，努力建设马克思主义理论阵地，发挥为党和国家决策服务的思想库作用，努力为构建中国特色哲学社会科学学科体系、学术体系、话语体系做出新的更大贡献，不断增强我国哲学社会科学的国际影响力。我院西亚非洲研究所是根据毛泽东主席批示成立的区域性研究机构，长期致力于非洲问题和中非关系研究，基础研究和应用研究并重，出版发表了大量学术专著和论文，在国内外的影响力不断扩大。以西亚非洲研究所为主体于2019年4月成立的中国非洲研究院，是习近平主席在中非合作论坛北京峰会上宣布的加强中非人文交流行动的重要举措。

按照习近平主席致中国非洲研究院成立贺信精神，

中非研究院的宗旨是：汇聚中非学术智库资源，深化中非文明互鉴，加强治国理政和发展经验交流，为中非和中非同其他各方的合作集思广益、建言献策，增进中非人民相互了解和友谊，为中非共同推进"一带一路"合作，共同建设面向未来的中非全面战略合作伙伴关系，共同构筑更加紧密的中非命运共同体提供智力支持和人才支撑。中国非洲研究院有四大功能：一是发挥交流平台作用，密切中非学术交往。办好"非洲讲坛""中国讲坛"，创办"中非文明对话大会"。二是发挥研究基地作用，聚焦共建"一带一路"。开展中非合作研究，定期发布研究课题及其成果。三是发挥人才高地作用，培养高端专业人才。开展学历学位教育，实施中非学者互访项目。四是发挥传播窗口作用，讲好中非友好故事。办好中英文中国非洲研究院网站，创办多语种《中国非洲学刊》。利用关于非洲政治、经济、国际关系、社会文化、民族宗教、安全等领域的研究优势，以及编辑、图书信息和综合协调实力，以学科建设为基础，加强学术型高端智库建设。

为贯彻落实习近平主席的贺信精神，更好汇聚中非学术智库资源，团结非洲学者，引领中国非洲研究工作者提高学术水平和创新能力，推动相关非洲学科融合发展，推出精品力作，同时重视加强学术道德建设，中国非洲研究院面向全国非洲研究学界，坚持立足中国，放眼世界，特设"中国非洲研究院文库"。"中国非洲研究院文库"由中国非洲研究院统一组织出版，下设多个系列丛书："学术著作"系反映非洲发展问题、发展道路及中非合作等系统性专题研究成果；"经典译丛"主要把非洲学者有关非洲问题研究的经典学术著作翻译成中文出版，力图全面反映非洲本土学者的学术水平、学术观点和对自身的认识；"法律译丛"即翻译出版非洲国家的投资法、仲裁法等重要法律法规；"智库报告"以中非关系为研究主线，为新时代中非关系顺利发展提供学术视角和智库建议；"研究论丛"基于国际格局新变化、中国特色社会主义进入新时代，集结中国专家学者对非洲发展重大问题和中非关系的创新性学术论文。

期待中国的非洲研究和非洲的中国研究在中国非洲研究院成立的新的历史起点上，凝聚国内研究力量，联合非洲各国专家学者，开拓进取，勇于创新，不断推进我国的非洲研究和非洲的中国研究以及中非关系研究，从而更好地服务于中非共建"一带一路"，助力新时代中非友好合作全面深入发展。

中国社会科学院副院长　中国非洲研究院院长
蔡　昉

摘要： 三方合作是在传统的南北合作和南南合作基础上的创新合作模式，是沟通南南合作和南北合作的桥梁。此报告主要探讨中国、欧洲和非洲在国际发展合作（又称发展援助）领域的三方合作。三方合作最早由欧洲援助国在2006年中非合作论坛北京峰会后提出，主要目的是将中国纳入欧美主导的国际体系，中国不得不被动应对压力。2014年以后，随着国际形势的变化，中国参与三方合作的政策空间发生了重大变化，中国由被动应对转变为积极参与，并主动提出"拓展第三方市场合作"的中国方案，中国在国际舞台和非洲事务上变得更加积极自信，这为中欧非的三方合作带来新的契机。中欧非三方合作经历了政府和政策层面的激辩、相对沉寂和重回政策制定者视野几个阶段。面对美国带来的逆全球化潮流和全球不确定局面，中欧非三方合作对中美和欧美关系博弈具有权重和砝码作用。中国和欧洲在非洲没有战略性的利益冲突，双方对非具体政策的分歧在缩小，且均有加强对非事务合作的意愿。此报告旨在介绍三方合作在政策实践层面的最新进展，并通过三个具体的国别和行业案例（中英非安全合作、中德非职业教育合作、中欧非医疗合作）研讨三方合作面临的机遇和挑战，以弥补目前三方合作系统性研究的不足并提出政策建议。三方合作应摒弃意识形态之争，抓住新契机，从战略对接到具体政策合作层递推进，推动具体项目落地，从减贫和农业、公共卫生等争议较小、意义重大的领域开始，由易而难，循序渐进。

关键词：中国；欧洲；非洲；南南合作；三方合作

Abstract: The trilateral cooperation, an innovative model of development cooperation serves as a bridge for North-South Cooperation and South-South Cooperation. The trilateral cooperation was initially raised by European donor countries after 2006 FOCAC Beijing summit, with the intention to integrate China into the West-dominated international cooperation system. China has been compelled to react passively to these requests. With the changing international situation, especially after 2014, the policy space for China to pursue trilateral cooperation has been changed dramatically. China's attitude towards trilateral cooperation has been transformed from passive response to positive action. An example is that China has taken its own initiative to propose the Third-party market cooperation. With China's growing self-confidence at the international stage, the trilateral cooperation between China, Europe and Africa is facing new opportunities. The trilateral cooperation, which has experienced ups and downs at government and policy level, now comes again to the list of policy makers. Facing the counter-globalization trend and global uncertainties mainly caused by the US, the trilateral cooperation between China, Europe and Africa has a significant role in balancing the China-US relationship and Europe-US relationship. China and Europe has no conflict of strategic interest in Africa and their concrete policies towards Africa are converging. Moreover, both China and Europe have willingness to strengthen cooperation in Africa affairs. To bridge the gap of lacking systematic research on the trilateral cooperation, this report will introduce the recent academic debates and practical progress in the trilateral cooperation and the opportunities and challenges it is facing. After three concrete country-and sector-specific case studies, namely China-UK-Africa security cooperation, China-Germany-Africa TVET cooperation and China-Europe-Africa health cooperation, tailored policy advices will follow. It is proposed that ideological differences should be set aside and new opportunities be grasped to promote the trilateral cooperation from the level of strategic alignment to concrete policies and further to push forward the implementation of concrete projects. In practice, the trilateral cooperation should start from easy areas, e. g. poverty reduction, agriculture and public health which are less disputable and of great significances and carry forward step by step.

Keywords: China, Europe, Africa, South-South Cooperation, Trilateral Cooperation

目　　录

一　中欧非三方合作的新契机 …………………（1）
　（一）涉非三方合作的国际形势变化 ………（2）
　（二）从被动到主动：中国对待开展涉非
　　　　三方合作的态度变化 ………………（4）
　（三）欧洲对三方合作的讨论 ………………（9）

政策篇　中欧非三方合作可行性的政策研究

二　三方合作：南北合作和南南合作的桥梁 ……（15）
　（一）国际合作体系的新变化 ………………（16）
　（二）国际合作体系变迁下的南南合作 ……（21）
　（三）新南南合作的挑战和三方合作的
　　　　必要性 …………………………………（28）

三　中欧非开展三方合作的必要性与可行性 ……（39）
　（一）中国对非洲的政策 ……………………（39）

（二）欧盟对非洲的政策 …………………… (45)
（三）中国与欧洲在对非事务中加强合作
　　 的必要性 ……………………………… (50)
（四）中国与欧洲在对非事务中加强合作
　　 的可行性 ……………………………… (57)

四　中欧非三方合作的原则和重点领域识别 …… (63)
（一）加强在农业领域的合作 ……………… (64)
（二）加强在医疗卫生领域的合作 ………… (66)
（三）开展中欧非产能合作 ………………… (67)
（四）加强对非洲青年职业培训的合作 …… (69)
（五）增强维护非洲和平与安全的对话 …… (72)
（六）以农业和医疗为抓手从易到难推进
　　 三方合作 ……………………………… (73)

案例篇　中欧非三方合作可行性的具体案例研究

五　中欧非三方合作案例研究：中英在非洲和平
　　与安全领域的合作 …………………………… (79)
（一）中英在非安全合作的可行性与
　　 必要性 ………………………………… (80)

（二）中英在非洲进行安全合作的有利
　　　条件与潜在困难 ……………………（85）
（三）中英在非安全合作的未来展望 ………（97）

六　中国、德国、埃塞俄比亚在职业教育领域
　　三方合作的可行性研究 …………………（106）
（一）职业教育在非洲的复兴 ………………（107）
（二）埃塞俄比亚职业教育的南北合作：
　　　德国作为援助国 ……………………（114）
（三）埃塞俄比亚职业教育的南南合作：中国
　　　作为援助者和投资者 ………………（124）
（四）中国、德国和埃塞俄比亚职教三方合作
　　　的必要性与可能性 …………………（133）

七　中欧非三方合作案例研究：中欧非
　　在医疗领域的三方合作 …………………（141）
（一）中国目前已开展的医疗领域的三方
　　　合作 …………………………………（141）
（二）中欧在非洲卫生领域开展三方合作
　　　的必要性 ……………………………（146）
（三）关于中欧非开展卫生领域三方合作
　　　的建议 ………………………………（148）

八 政策建议 …………………………………（152）

（一）调研非洲对三方合作的最新态度 …（152）

（二）建立中欧非三方对话机制 …………（153）

（三）加强中欧驻非使馆在非洲当地的
对话磋商 ……………………………（153）

（四）加强中欧社会组织在非洲的合作 …（154）

（五）加强联合研究，建立中欧非
三方合作案例库 ……………………（154）

（六）考虑适时调整涉非三方合作指导
原则 …………………………………（154）

（七）建立中欧非三方合作基金 …………（155）

参考文献 ……………………………………（156）

一　中欧非三方合作的新契机

三方合作是在传统南北合作和南南合作基础上的创新合作模式，本报告主要探讨中国、欧洲和非洲在国际发展合作（又称发展援助）领域的合作。自2006年以来西方国家和国际机构，尤其是欧洲开始倡导与中国在非洲开展三方合作。随着国际情势的变迁，中国参与三方合作的政策空间发生了重大变化，中国也由被动应对转变为积极参与，这为中欧非的三方合作带来新的契机。自美国总统特朗普执政以来，美国作为世界秩序的维护者继续提供全球公共产品、维护现行世界体系的意愿和能力都显著下降。这对中国和欧洲承担国际责任提出更多挑战，同时也为中国和欧洲的合作创造了更多的政策空间。

中欧非三方合作经历了政府和政策层面的激辩、相对沉寂和重回政策制定者视野几个阶段，但由于短期内很难完成国家层面的机制建设，三方合作应抓住新契机推动战略对接和具体项目落地，以技术、项目层面的合作为起点逐步深化。

（一）涉非三方合作的国际形势变化

中欧非三方合作由欧方首先提出的。2006年中非合作论坛北京峰会后，欧方态度更加积极。其目的无非是想借三方合作深入了解中方涉非做法，规范中方在非行为，将中非合作纳入其主导的轨道。为应对西方压力，并尊重非洲国家的想法，中方曾通过其驻非外交机构，普遍征询非洲国家意见。非洲反馈结果呈橄榄形，即明确支持和反对三方合作的国家都是少数，多数国家对此不感兴趣，并且担心三方合作会使本来很顺利的中非合作复杂化，给西方干涉非洲提供更多机会。[①] 所以中方婉拒了欧盟共同制订三方合作文件的要求。

2008年国际金融危机后，由于欧美自顾不暇，中国在非洲的政策空间得到改善，更加主动应对三方合作。[②] 2008年后，西方对非洲事务和中非合作的关注度有所降低，三方合作在西方议程中的重要性似乎有

[①] 根据2019年8月26日在北京召开的第八届中非合作智库论坛期间对中国政府首位非洲事务特别代表刘贵今大使的访谈整理。

[②] 张春：《涉非三方合作：中国何以作为？》，《西亚非洲》2017年第3期。

所减弱。但事实上，中国与西方就非洲议题在政府、学术和实践层面进行了一系列的磋商和讨论，中国和欧美对彼此的非洲政策增进了了解，讨论也更有建设性，这为三方合作打下了一定的基础。在 2009 年成立的中国—发展援助委员会研究小组（China-DAC Study Group）的平台上，中国开始与经济合作与发展组织（以下简称经合组织，OECD）国家分享与非洲在基础设施、农业等行业合作的经验和教训，世界银行、欧盟驻华代表团、英国国际发展部（DFID）等西方机构都参与其中。

近年来，随着特朗普推崇"美国至上"，大国之间的竞争和博弈将成为影响国际社会参与非洲事务的主要因素之一，三方合作可成为中国在非洲应对激荡与分化的世界秩序的缓冲器和有力工具。首先，美国为遏制中国在非洲日益增长的影响力，力图孤立中国，未来可能要求非洲在中美之间站队。2018 年 12 月 13 日，时任美国国家安全事务助理约翰·罗伯特·博尔顿（John Robert Bolton）在传统基金会发表演讲，公布了特朗普政府的"新非洲战略"，明确指出对美国利益最大的威胁不是贫困或伊斯兰极端主义，而是中国和俄罗斯。其次，美国虽然仍是世界头号强国，但其塑造世界秩序的能力已大大减弱，同时，由于欧盟和英、美在关于多边主义、世界规则方面的理念分歧，西方内部发生分化。在 2019 年 2 月举行的慕尼黑安全会议上，德国总理默克尔公开称赞中国在非洲的发展援助，认为德国应该向中国学习相关经验方法。最后，随着中国在非洲的影响力提升，中国有更多自信参与三方合作并能够掌握更多自主权。

（二）从被动到主动：中国对待开展涉非三方合作的态度变化

随着中国在全球经济和政治中地位的提升，中国对待国际合作和多边主义的态度更加开放，对三方合作也由被动应对转变为主动参与。自 2014 年以来，中国对三方合作变得更为积极，李克强总理于 2014 年首度提出"非洲需要、非洲同意、非洲参与"的涉非三方合作指导原则，习近平主席又于 2015 年在中非合作论坛约翰内斯堡峰会暨第六届部长级会议上正式将其升级为"非洲提出、非洲同意、非洲主导"。

1. 第三方市场合作：中国方案

随着从被动应对欧洲首先提出的"三方合作"到主动提出"拓展第三方市场合作"的中国方案，中国在国际舞台和非洲事务上变得更加积极自信。2015 年 7 月，李克强总理在出席第十届中欧工商峰会（China-

EU Business Summit）时首次提出"第三方合作"、中欧共同投资基金等举措。"第三方合作"成为李克强与比利时首相米歇尔会谈时出现频率很高的词，在中欧领导人会晤时再次被提及。2015年，中法政府关于第三方市场合作的联合声明中首次提出了"第三方市场合作"，鼓励和支持中法企业在第三方市场开展或加强合作，非洲成为合作的前沿。

"第三方市场合作"是中国首创的国际合作新模式，将中国的优势产能、发达国家的先进技术和广大发展中国家的发展需求有效对接，实现 1＋1＋1＞3 的效果。在"一带一路"国际合作高峰论坛等多个重大外交场合，习近平主席就第三方市场合作做出重要论述，亲自见证第三方市场合作有关文件的签署，引领和推动第三方市场合作向前发展。李克强总理在2019年的政府工作报告中谈及"一带一路"时首次提出"拓展第三方市场合作"，拓展第三方市场合作可以让中国的优势产能、发达国家的先进技术和广大发展中国家的需求有效对接，实现多方共赢。

为更好地服务企业开展第三方市场合作，国家发展改革委于2019年9月发布中英双语版《第三方市场合作指南和案例》（简称《指南和案例》）。《指南和案例》阐述了第三方市场合作的内涵、理念和原则。第三方市场合作主要是指中国企业（含金融企业）与有关国家企业共同在第三方市场开展经济合作。作为开放包容的国际合作模式，第三方市场合作有助于中国企业和各国企业优势互补，共同推动第三国产业发展、基础设施水平提升和民生改善，实现1+1+1>3的效果。在推进第三方市场合作过程中，中方秉承开放、绿色、廉洁的理念，遵循三方共商共建共享、第三方受益原则，坚持企业主体、市场导向、商业原则、国际惯例，坚持质量优先、因地制宜，坚持开放包容、合作共赢，努力实现高标准、惠民生、可持续目标。

截至2019年6月，中方已与法国、日本、意大利、英国等14个国家签署第三方市场合作文件，建立第三方市场合作机制，共同为企业搭建合作平台、提供公共服务。2016年9月，中国广核集团（以下简称中广核）与法国电力集团共同投资建设英国欣克利角C核电项目及后续的塞斯维尔、布拉德维尔B核电项目，且布拉德维尔B核电项目将采用中国自主研发三代核电技术"华龙一号"，成为第三方市场合作提出以来的首个成功案例。2016年6月，中德共同发表《第四轮中德政府磋商联合声明》，支持中国中车股份有限公司（中国中车）和德国西门子集团在高铁领域，中国铁路总公司和德国铁路公司在中欧班列、高铁运营维护等领域加强第三方市场合作。

需要指出的是，本报告的讨论重点是发展合作领域的三方合作，有别于主要由企业主导的第三方市场合作。但中国主动提出"第三方市场合作"的倡议凸显了中国对三方合作事务的态度转变。

2. 中国态度变化的动因

刘贵今大使认为，目前，随着新兴市场国家力量的不断扩大，以及中非合作论坛机制的日益成熟，中非双方都对三方合作更加自信。在平等互利的基础上扩大三方合作，有利于资金、技术来源多样化，发挥各自优势，取长补短，体现了包容和创新精神，实现多赢。

从中国自身国家利益的角度来看，与相对友好国家开展涉非三方合作有助于避免欧美夹击，有利于为在非中国企业和组织争取更多发展空间。首先，三方合作有助于改善中国作为全球行为体的形象。以医疗卫生合作为例，尽管中国通过派遣医疗队等传统援助方式为非洲和全球卫生做出了重大贡献，但中国在全球疫苗免疫联盟（The Global Alliance for Vaccines and Immunisation，GAVI）等全球卫生组织中的地位仍然较低，外界对中国的印象仍是以双边而非多边的方式参与国际合作。其次，也是较容易被忽视的方面是，三方合作有助于增强中国自身的能力建设。以推动中国药品进入非洲主流医药市场为例，医药产品进入非洲公立市场主要有两个渠道，一是通过世界卫生组织等国际机构的多边市场采购，二是通过非洲各国的政府采购，入场券都是通过世界卫生组织的预认证（WHO Pre-qualifcation）。难以通过预认证是中国药品"走出去"面临的最大瓶颈，其原因包括缺乏国际经验和对国际规则的了解，与国际组织接触有限。通过三方合作可以帮助中国企业获得实际的国际经验，培养了解国际规则的专业人才。最后，非洲在语言、法律法规和政治制度等方面都深受西方的影响，中国企业和组织仍是在西方影响下的非洲开展合作。与西方相对友好的国家开展合作有助于中国企业和组织更好地融入非洲当地。

短期内，中国与西方之间在非洲存在现实利益和价值观方面的竞争，难以从国家层面完成三方合作的机制建设。但从长远来看，中国和西方在非洲有着共同的利益：稳定、安全和繁荣的非洲。面对美国在非洲的战略挤压，中国对三方合作有更迫切的现实需求，应抓住时机主动塑造三方合作，超越南北思维，以合作应对挑战。中国与欧洲都支持全球治理和多边主义，也有意愿继续为非洲发展贡献力量，欧洲是中国在非洲开展三方合作的理想伙伴。

（三）欧洲对三方合作的讨论

自 2008 年以来，西方政界因经济危机、难民问题和国内民粹主义而自顾不暇，在政策领域对三方合作的推动一度沉寂。但在学术界，对中欧非的讨论一直在不断深入。

德国发展研究所（DIE）的研究人员 AlexanderDemissie 和 Moritz Weigel 提出中国、欧盟和非洲应开展三方合作，共同应对气候变化。非洲联盟发起的非洲可再生能源倡议为区域和国家层面的合作提供了一个可能的切入点。德国应利用技术专长，在可再生能源领域与中国开展三方合作。[1]

英国苏塞克斯大学发展研究所（IDS）的研究人员在中英两国通过贸易和投资促进非洲减贫合作的背景下研究中英双边关系的演变，特别关注基础设施、农业和贸易便利化领域，为中英非的三方合作建立了框架。报告分析了肯尼亚和南非目前与中英两国的合作，主要结论和建议是，南非和肯尼亚应与全球价值链建立更密切的联系，并提高人们对他们作为可能的外包

---

[1] Alexander Demissie, Moritz Weigel, "New Opportunities for EU-China-Africa Trilateral Cooperation on Climate Change", https://www.die-gdi.de/en/briefing-paper/article/new-opportunities-for-eu-china-africa-trilateral-cooperation-on-combatting-climate-change/.

目的地的认识。减少国与国之间的非关税壁垒可对当地生计和提高福利产生积极的影响。建议分享更多的信息和提高透明度，以进一步推动三方合作。①

英国伦敦大学亚非学院的博士生周航对中国与英国共同发起的乌干达木薯项目进行了实地调研，他详细介绍了项目执行阶段遇到的关键挑战。更重要的是，周航还批判性地审查了多边发展合作中两个经常提出的"优势"：对更多横向发展伙伴关系的贡献及其在向受援国提供更适当技术援助方面的作用。

2018年欧盟委员会支持了让·莫内网络的一项研究和培训项目"全球时代中的欧盟、非洲和中国——通过三方合作和地区一体化实现可持续发展：东非共同体的案例"。该项目旨在聚合来自东非共同体国家、欧洲和中国的学术机构，以促进欧盟—非洲合作，在非洲打造能够协调欧盟和中国的可持续社会。项目主要包括两大块：（1）为东非共同体官员提供培训和对话，基于欧盟模式对东非共同体的一体化建设提供参考。（2）两大研究议程：一是区域一体化的比较研究，主要是欧盟和东非共同体的比较研究；二是研究欧盟—非洲—中国的关系，重点是发展经济学和相互

---

① Gu, J., Holmes, P., Rollo, J. and Snell, S. with Mendez-Parra, M. and Procopio, M., 2017, "China-UK-Africa Trilateral Cooperation on Trade and Investment: Prospects and Challenges for Partnership for Africa's Development", IDS Evidence Report 218, Brighton: IDS.

贸易及发展伙伴关系；重点关注中欧合作的潜力，以更有效地为非洲一体化、发展和工业化的可持续性作贡献。在该项目下，欧盟重启与中非学术界的三方合作研讨，目前已分别在非洲、中国和欧洲举办三次研讨会。中国对与欧洲在非洲开展三方合作的更加自信和积极的态度为中欧非三方合作提供了新的契机。

表1　　让·莫内网络开展的"欧盟—非洲—中国三方合作促进非洲发展会议"

	时间	地点
第一次	2019年5月	埃塞俄比亚亚的斯亚贝巴，联合国国际会议中心
第二次	2019年7月	上海国际问题研究院
第三次	2019年10月	布鲁塞尔埃格蒙特宫

2019年9月，法国前总理德维尔潘在北京共参加了两场关于中欧非三方合作的研讨，即9月23日由清华大学战略与安全研究中心举行的"中国、非洲与欧洲大三角：21世纪的新挑战"和9月24日由国观智库联合北京语言大学国别与区域研究院举行的"国观智库中欧关系系列对话会"。德维尔潘在发言时说，21世纪可能是"非洲的世纪"。非洲需要找到一条可持续、稳定的发展道路。为此，中国和欧洲需要找到利益的共同点，付出智慧和努力。但是，中欧非三方合作的效果充满不确定性，因为非洲对于中国和欧洲来说，都具有挑战性。在未来合作项目的选择上，德维

尔潘表示，应该充分考虑近期成果的能见度，争取民众的支持。要设定好关键目标，普通民居建设也许比会展中心更符合非洲国家的实际需求。应优先鼓励能够促进非洲国家间优势互补的项目，以促进整个地区的稳定发展。

政策篇

中欧非三方合作可行性的政策研究

二 三方合作：南北合作和南南合作的桥梁[*]

国际合作体系正在发生深刻的变革，援助主体正从美国和欧洲等传统援助国扩展到新兴经济体等多元主体，国际合作的主要形式正由以北方援助南方发展为主、南南合作为补充，转变为南南合作与南北合作并驾齐驱，南南合作的理念和经验甚至开始引领国际发展合作。南南合作与南北合作有一定的竞争性，但更多的是互补性。国际发展领域内的三方合作，尤其是"传统援助体（含发达国家＋多边发展机构）＋新兴经济体＋发展中国家"的合作模式成为连接南北合作和南南合作的桥梁。[①]

---

[*] 部分内容原载于周瑾艳《国际合作体系变迁下的新南南合作及中国方案》，《区域与全球发展》2018年第5期。

[①] 唐丽霞、祝自东：《"FAO＋中国＋东道国"农业三方合作案例研究》，黄梅波、徐秀丽、毛小菁主编《南南合作与中国的对外援助：案例研究》，中国社会科学出版社2017年版，第135—147页。

当今世界处于合作与冲突的十字路口，在美欧等国，逆全球化的力量暗流涌动，而以中国为代表的新兴经济体则在国际发展合作体系中发挥日益重要的作用。南南合作历经沉浮，终于重回世界舞台中心。新南南合作在机制创设、理念和路径方面皆引领国际合作体系。但南南合作也面临和肩负着从南方视角出发理解和构建南方发展知识和经验，协调南北关系以整合国际合作体系，以及通过创新南南合作模式提供更多国际公共产品和塑造国际体系等新挑战和新使命。三方合作有助于南南合作与南北合作形成合力，共同应对国际发展领域的挑战。

（一）国际合作体系的新变化

进入21世纪以来，随着中国、印度、巴西等新兴经济体的崛起，西方已经难以像过去一样主导世界。当前的国际体系正处于由美国独大的单极世界向多元主体参与的全球治理体系的转型中，没有南方国家的合作，重大的国际治理挑战将无法得到应对。

1. 国际体系处于全球化与"去全球化"的十字路口

随着英国脱欧、特朗普推崇"美国至上"，以及欧盟不少国家民粹主义政治势力暗潮涌动，国际体系遭遇前所未有的挑战，并呈现出全球化与"去全球化"两股不同的力量。

一方面，美、英等全球化的主要推动和领导力量成为全球化的主要反对力量，民族主义、保守主义在美欧盛行，美国对于全球治理体系在过去几十年形成的规则置若罔闻，全球经济和政治正面临"去全球化"或"逆全球化"倾向的冲击。西方国家由于国内不平等的加剧、高福利社会成本的增加等因素引发了民众对就业和经济形势的焦虑。传统援助体系中的主导力量——西方国家普遍面临国内民粹主义的挑战，自由贸易、全球化、移民，甚至多边主义等西方曾经倡导的理念如今却成为西方民众反对的对象。因此，欧美各国在政经领域的保护主义、孤立主义和民粹主义此起彼伏。

另一方面，巴西、俄罗斯、印度、中国、南非、东盟国家和墨西哥等则在全球政治经济体系中开始发挥巨大影响力，成为全球治理的重要力量，不断与正在形成的反全球化的逆流进行对抗。以中国为代表的新兴经济体成为推动全球化的新力量。作为协调国际体系旧力量和新力量的平台，G20一直在积极协调各国政策，反对保护主义。在2016年9月的中国杭州G20峰会上，中国提出"以开放为导向、以合作为动力、以共享为目标"的主张，推动G20从松散的危机应对网络向全球治理长效机制转型。2018年7月在南非约翰内斯堡举行的金砖国家领导人第十次峰会则以"金砖国家在非洲：在第四次工业革命中实现包容性增长和共同繁荣"为主题，重申南方国家反对贸易保护主义，支持多边主义和全球治理。

2. 国际合作体系深刻变革

国际发展合作体系是国际体系的一部分，随着国际体系的变迁，国际发展合作也随之发生了深刻的变革。国际体系在应对全球挑战方面存在的问题也反映在国际合作方面，例如国际合作行为体的增多以及发展合作体系的碎片化和缺乏协调。

首先，传统南北合作的作用下降已经成为共识。近年来关于传统国际合作体系，即传统援助国主导的北一南合作的有效性的讨论非常激烈，援助式微已成共识。例如威廉·伊斯特利所著的《白人的负担》认为援助本身是问题的一部分，而不是贫困问题的解决方法。① 赞比亚女经济学家丹比萨·莫约在2009年出版的《死亡的援助》一书中更尖锐地批评了援助，认为对援助的依赖导致非洲陷入贫困、腐败、市场扭曲

---

① William Easterly, *The White Man's Burden: Why the West's efforts to Aid the Rest have done so much Ill and so Little Good*, New York, Penguin Publishing, 2006, p. 18.

的怪圈。她直言"对大部分发展中国家来说,援助国过去是,未来仍将是政治、经济和人道主义灾难"。她认为"非洲需要的是贸易和投资"。①

其次,国际发展合作资金来源多元化,官方发展援助(ODA)在国际发展合作的资金来源中所占的比例进一步下降。2014年,非经合组织发展援助委员会(Development Assistance Committee,DAC)成员国提供的援助金额合计约320亿美元,仅占全球发展援助总额的17%。除了援助,非DAC成员国还通过发展援助之外的方式和机制参与发展中国家的发展建设。自2015年以来,发展资金中来自官方发展援助的部分越来越少,更多资金来自新兴经济体的发展银行、主权财富基金和其他官方资金(OOF),以及类似其他官方资金的贷款和投资。

最后,国际发展合作的主体更加多元化。南南合作中的新兴经济体和"非OECD-DAC援助国"成为国际合作体系中举足轻重的角色。此外,非国家行为体,包括私人基金会、私营部门、民间组织等也成为国际发展合作的伙伴,发展合作伙伴的多元化一方面带来了更多的发展资源,另一方面也带来了体系碎片化和缺乏协调的挑战。

---

① Moyo Dambisa, *Dead Aid: Why Aid is not Working and How There is a better way for Africa*, London: Allen Lane, 2010, p. xix.

3. 南南合作引领国际合作范式

国际合作体系最显著的变化是南南合作不再只是传统国际合作体系的重要补充，更逐渐在理念和路径上引领国际合作。传统的国际合作体系以北方援助南方为主导，其理论和经验基础都是以发达国家为导向，主要的援助工具是无偿援助和低息贷款。南北合作的传统援助的地位在下降，南南合作以发展为目的的经济、贸易与援助的重要性则在上升。

南南合作影响和引领国际合作概念和范式的例证之一是"发展合作"的概念变化。国际上对"传统援助"和"国际合作"的定义并没有达成共识。在 DAC 国家主导的传统国际合作体系中，发展援助一般以官方发展援助（ODA）来定义，但是在发展合作体系中发挥日益重要作用的新兴经济体并不赞同 ODA 的定义。

经合组织发展援助委员会（OECD-DAC）决定引入"官方对可持续发展的总支持"（Total Official Support for Sustainable Development，TOSSD）这一更广泛的新概念，无疑是受到中国等新兴经济体结合援助、贸易和投资的做法的影响。联合国第三次发展筹资问题国际会议形成的《亚的斯亚贝巴行动议程》表示："我们将进行开放、包容和透明的讨论，探讨官方发展援助衡量的现代化和 TOSSD 的提议，我们申明任何此类措施不会削弱已经做出的承诺。"新兴经济体拓展了开发性金融的定义，促使更多公共资金和私营企业做出更大的贡献。

需要审慎应对的是，南南合作对国际合作的引领更多体现在理念和路径上，在发展资金来源上则仍应坚持南北合作在国际发展合作中的主渠道地位。新兴经济体应鼓励发达国家兑现将国民总收入的0.7%用于海外官方发展援助的承诺。

（二）国际合作体系变迁下的南南合作

南南合作开始于20世纪50年代，从万隆会议（1955年）、不结盟运动（1961年）、77国集团（1964年），到如今联合国框架下的合作，南南合作在过去的60多年历经沉浮，现在又重新焕发新的动力，甚至重回世界中心舞台。传统的"穷帮穷"的南南合作是作为南北合作的补充存在的，但随着国际合作体系的变迁，南南合作的概念、地位和作用都发生了实质的改变。新南南合作不再只是传统援助的补充，而是国际合作体系中与南北合作同样重要的力量，并且在理念和路径上引领国际发展合作。

1. 以政治意识形态推动的传统南南合作

20世纪50年代的南南合作的基础是政治意识形

态，旨在挑战北方国家主导的政治和经济体系。万隆会议广泛讨论了反帝反殖民主义、促进世界和平与团结等问题，第一次提出了亚非发展中国家经济合作的构想，建议与会国在互利和互相尊重国家主权的基础上实行经济合作。会议还提出了发展中国家在资金和技术方面合作的建议，为发展中国家的互助合作开辟了道路。万隆会议还首次提出了处理国际关系的十项原则：①尊重基本人权、尊重《联合国宪章》的宗旨和原则；②尊重一切国家的主权和领土完整；③承认一切种族的平等、承认一切大小国家的平等；④不干预或干涉他国内政；⑤尊重每一国家按照《联合国宪章》单独地或集体地进行自卫的权利；⑥不使用集体防御的安排来为任何一个大国的特殊利益服务；任何国家不对其他国家施加压力；⑦不以侵略行为或侵略威胁，或使用武力来侵犯任何国家的领土完整或政治独立；⑧按照《联合国宪章》，通过谈判、调停、仲裁或司法解决等和平方法，以及有关方面自己选择的任何其他和平方法，来解决一切国际争端；⑨促进相互的利益和合作；⑩尊重正义和国际义务。①

---

① 《中国倡导和平共处五项原则》，中华人民共和国外交部官网，https：//www.fmprc.gov.cn/web/ziliao_674904/wjs_674919/2159_674923/t8987.shtml。

万隆会议时期的南南合作的联系纽带主要是共同的殖民主义经历和政治意识形态。这一时期的南南合作将反对殖民主义、争取民族独立自主、消除贫穷和经济发展作为自己的目标，挑战日益加深的全球不平等，同时减轻第三世界对北方的经济和政治依赖。传统的南南合作以"交钥匙"工程、成套项目、修建基础设施、派遣医疗队为主。例如中国援建的坦赞铁路，全长 1860 公里，历时 6 年（1970—1976 年）建成，是中国援非最具标志性意义的工程，也是中国最大的援外成套项目之一。中国帮助修建坦赞铁路完全是出于政治的考虑，并没有经济上的利益考量。南北援助始于第二次世界大战以后，从 20 世纪 50 年代开始，北方国家开始向发展中国家提供附加政治条件的官方发展援助，受援国必须要实行"华盛顿共识"推行的经济政策，如私有化、资本账户开放等。

2. 传统南南合作的历史沉浮

由于国际发展合作一直在西方主导的体系下进行，虽然先后出现了万隆会议、77 国集团、联合国贸发会议等南南合作的阵地，但南南合作在 30 多年里几度被搁置，进展缓慢，直到以中国为首的南方国家崛起，南南合作才有了新的发展机遇。①

万隆会议主要体现了南南合作政治层面的意义，而77国集团的主要目标则是建立国际经济新秩序（NIEO）。南南合作在20世纪60年代主要的成就是推动了普惠制的实行。1964年3月的联合国贸发会议首届会议开启了南方国家和北方国家集团之间的正式对话，在此次会议上，77国集团率先提出倡议，要求发达国家给予发展中国家贸易在最惠国待遇基础上更加优惠的关税待遇。在77国集团的不懈努力下，终于使得关贸总协定做了修改，在原有基础上增加了专门处理发展中国家问题的"贸易与发展"部分，并规定"发达缔约方对发展中缔约方所做出的减少或撤除关税和其他壁垒的承诺，不希望得到互惠"，这为普惠制的实施奠定了基础，局部改进了不公平不合理的原有体制。

然而到了20世纪80年代，第三世界的债务危机和新自由主义的兴起使得南南合作的努力黯然失色。在1992年卡塔赫纳举行的联合国贸发会议首脑会议上，贸发会议放弃了要求调整国际专利制度，以适应南方国家的发展需要的努力。② 此后，联合国贸发会议

---

① 李小云、肖瑾：《新南南合作的兴起：中国作为路径》，《华中农业大学学报》（社会科学版）2017年第5期。

② Kevin Gray, Barry K. Gills, 2016, "South-South Cooperation and the Rise of the Global South", *Third World Quarterly*, 37 (4), pp. 557–574.

作为抵制布雷顿森林体系支配地位的反霸权组织和南北对话的协调机构的作用日益下降，南南合作的光辉也逐渐黯淡。

3. 新南南合作的兴起

进入21世纪后，以金砖国家为代表的新兴经济体的综合实力不断攀升，在经济和外交领域取得巨大进步的同时，更多地承担起了推广南南合作的历史使命。新南南合作应运而生，全世界再次掀起对南南合作的关注。与传统的南南合作相比，新南南合作的不同之处体现在对世界经济体系的主张、南方国家内部的实力分化、南南合作的地位和作用变化等方面。

第一，新南南合作主张发展中国家应通过融入世界经济合作体系获得发展。这与"依附论"所主张的发展中国家应与国际体系"脱钩"，通过南南合作来实现发展，完全拒绝南北合作甚至国际经济合作不同。新南南合作已成为发展中国家融入和参与世界经济的有效手段。正如习近平主席2015年在联合国圆桌会议上所说，南南合作应致力于"联手开发国际市场，全面融入全球产业链、价值链，共同在新一轮科技革命和产业变革中争取有利地位"[①]。

---

① 《习近平出席并主持南南合作圆桌会》，新华网，http://www.xinhuanet.com/world/2015-09/27/c_1116688861.htm。

第二，南南合作中的南方国家的主体发生变化。南南合作中的部分南方国家通过独立自主的发展战略迅速崛起，成为掌握一定政治和经济资源的国家，这与南南合作诞生之初，"南方国家都很穷"的状况存在巨大差异。这也动摇了传统援助建立的基础。传统援助是建立在"南北议程"基础上的一种工具，即富裕的工业国家必须来帮助贫困的南方国家减贫。但随着部分南方国家的崛起，援助国与受援国的分类和地位发生了变化。中国、巴西、印度等成为既是援助国，也是受援国的"双重身份国"。而贫困国家数量也大幅减少，全世界2/3的国家成为"中等收入国家"。南方国家政治经济地位带来的分化，一方面丰富了南南合作的资源，另一方面也为南南合作带来了主体多元性和复杂性的挑战。

第三，从合作的金额和规模来看，南南合作成为南北合作的重要补充。中国等新型经济体的地位上升使得南南合作的重要性重新受到重视，南南合作的地位和作用更加重要。联合国第三次发展筹资问题国际会议《亚的斯亚贝巴行动议程》明确支持南南合作："南南合作是国际发展合作的重要组成部分，是南北合作的补充，而不是替代。我们认同南南合作日益提升的重要性、其不同的历史和特点，并强调南南合作应被视为南方人民和国家基于共同经历和目标团结一致的表达。它应继续以尊重国家主权、国家自主权和独立、平等、不附加条件、互不干涉内政和互利的原则为指导。"以金砖国家为例，2017年金砖国家经济总量占全球比重从12%上升到23%，贸易比重从11%上升到16%，对外投资比重从7%上升到12%，对世界经济增长的贡献率超过50%，成为国际合作的中坚力量。[①]

第四，从合作的理念路径和发展经验的转移来看，南南合作不只是南北合作的重要补充，更是成为国际发展合作体系中与南北合作同样重要的力量。南北合作的发展理念历经四次关于援助有效性的高级别论坛（HLF）：罗马（2003）、巴黎（2005）、阿克拉（2008）和釜山（2011），实现了从"援助有效性"到"发展有效性"的转变。发展是南方国家的最终目标，援助只是发展的一部分成为南北国家的共识。中国等新兴经济体在非洲以援助促进贸易和投资的做法曾经遭到北方国家的批评，而如今中国经验在非洲的成功获得了北方国家的认同，为南方国家的发展提供了独特的发展经验。世界银行2014年的一项研究公开承认，"资源换基础设施"的方式更为有效，在推进发展影响力方面遥遥领先南北传统方式很多年。

---

① 张梦旭：《把南南合作推向新的高度》，《人民日报》2017年9月9日第3版。

（三）新南南合作的挑战和三方合作的必要性

与南北合作相比，新南南合作有自身的独特优势，但也面临从南方视角构建自身发展知识和经验、促进南方国家之间平行经验的转移，以及协调南南合作与南北合作关系的挑战。如何创新南南合作的模式，为全球治理提供更多公共产品，为全球性的问题提供新的思路和解决方案，积极塑造国际合作体系成为南南合作的新使命。三方合作成为新南南合作应对挑战的有力途径。

1. 南南合作的优势

与传统的南南合作主要局限于经贸和技术合作不同，新南南合作的领域不仅包括经济合作，还包括关于区域治理、国家治理等发展知识和经验之间的广泛交流，凸显了南南合作通过发展中国家共同努力应对发展挑战的新思路。

第一，南南国家之间的相互学习分享往往比北方国家对南方国家的单向知识传授更有效。与南北合作自上而下的知识传授路径不同，南南合作践行平等、互相学习的发展伙伴关系模式。南南合作之间的知识和经验的分享不是预设在某一国的经验比另一国更加先进的前提下，而是认为发展中国家应通过相互学习与合作寻求创新解决发展问题的方法。同时，南南技术合作倾向于将能力发展作为一个过程而不是"产品"，能力发展作为相互学习的工具被嵌入其中。

第二，由于具有相似的历史背景并面临共同的发展挑战，南南国家之间的发展理念和思路更有借鉴意义。新兴经济体都曾有过摆脱贫困实现经济崛起的经历，积累了大量的减贫和发展经验。尽管由于历史经验、发展基础和国情不同，发展经验无法直接复制，但中国等新兴经济体的发展思路值得南方国家借鉴。以中国深圳为例，在改革开放之初，也曾有人担心深圳特区会不会变成殖民地、发展市场经济会不会导致资本主义复辟，但深圳的改革者们敢于打破固化思维，摸着石头过河，最终成就辉煌。[①] 除了经济特区、工业园区等具体的经验，中国解放思想、自主探索符合自身国情的发展道路的思路更值得其他发展中国家借鉴。

第三，南南国家之间的产能合作、技术合作和经验交流更有适应性。以产能合作为例，随着中国自身产业结构的调整，可以将劳动密集型产业等中国不再具有比较优势的产业转移到其他发展中国家。此外，

---

① 此处参考了李智彪研究员在2018年4月14日于电子科技大学举行的"中国改革开放40周年与非洲发展"论坛上的发言。

中国拥有性价比高的中端产品、生产线和装备产能，比发达国家的高端产品更适应发展中国家的需求。此外，中国改革开放以来积累了多年从发达国家承接国际产能转移的经验，在与其他南方国家进行产能合作和技术转移的同时能够传递中国的产能合作经验、城镇化经验和工业化经验，并帮助南方合作伙伴创造就业、增强能力建设，提升工业产能并促进增长。

2. 南南合作的新挑战

2015 年，联合国发展峰会通过了取代千年发展目标的可持续发展议程，实现可持续发展目标成为南南合作与南北合作共同的目标。在国际合作体系深刻变革的大背景下，南南合作面临着新的挑战，关键是从南方国家视角理解和构建南方国家发展知识和经验，推动南南国家之间平行经验的转移和发展战略的对接，以及克服国家发展合作体系的碎片化缺陷。

第一，南南合作面临从南方国家视角理解和构建南方国家发展经验的挑战。由于国际合作体系过去由西方主导，发展的知识和经验也多由西方构造。南方国家对自身的发展经验或不够重视，或不够理解，或囿于西方的知识框架来理解和建构自身的发展现实和经验。新南南合作除了在技术、基础设施等领域继续合作，更要加大发展经验的互鉴，其中最重要的一步是跳出西方的概念、框架，理解和总结自身的发展经验。

以中国为例，中国国际发展知识中心的成立就是为了更好地研究和交流中国发展经验，与各国分享发展经验，贡献中国智慧。2017年3月，中国政府批准国务院发展研究中心根据2015年9月习近平主席在联合国发展峰会上的承诺设立中国国际发展知识中心，"同各国一道研究和交流适合各自国情的发展理论和发展实践"。这显示出中国等南方国家试图突破西方话语框架，从自身出发研究和总结发展经验的努力。

第二，促进南南国家之间平行经验的转移和发展战略的对接。总结南方国家自身的成功经验和教训，是为了促进发展经验的传播和转移。林毅夫认为，中国从改革开放前的极端贫穷发展成为如今的中等偏上收入国家，这种成功经验与必然规律是利用比较优势因势利导，成功对接了国际产业的转移，这种经验将给南方国家带来高速增长的窗口机遇期，也将为南南合作提供新的思路。[①]

南南合作中的新兴经济体如何将自身的经验和知识通过互相学习的方式嵌入南方不发达国家，使其接

---

① 林毅夫：《中国经济崛起与南南合作》，《第一财经日报》2016年9月19日第A11版。

纳中国的发展经验，是南南合作面临的新挑战、新使命。以中国的农村发展经验为例，非洲农村的技术、理念和管理方法与中国农村的发展经验是相异的[①]，如何对接南南国家之间的发展经验和战略成为新南南合作面临的挑战。

第三，南南合作应通过协调其与南北合作之间的关系，克服国际发展政策的碎片化缺陷以整合国际合作体系。现存的国际合作体系行为体包括全球性、区域性及双边的国际发展组织，以及民间机构。传统援助国与新兴经济体也各有自身利益和合作议程，事务协调非常困难。南南合作应借助G20等平台助推国际合作事务的协调，为国际合作体系的机制建设做出开创性的贡献。

南南合作与南北合作不是对立冲突的关系，新南南合作也不再只是南北合作的补充。南南合作与南北合作成为国际发展合作体系中并驾齐驱的力量。尽管西方多国出现去全球化的迹象，但全球化的趋势不可逆转，当今世界正处于相互依赖的时期。一方面，南方国家之间的相互依赖性增强，南南合作的重要性上升，另一方面，南方国家与北方国家之间的相互依赖

---

① 雷雯、王伊欢、李小云：《制造"同意"：非洲如何接纳中国农村的发展经验？——某中坦援助项目的发展人类学观察》，《广西民族研究》2017年第3期。

性也增强了。如何正确处理南南与南北之间的关系，应对可能存在的冲突是南南合作需要应对的新挑战。

3. 三方合作：助力南南合作应对新挑战

南南合作的关键是寻求不同于南北合作的路径，积极创建更具代表性、包容性、开放性和公正性的国际合作体系，以可持续发展为核心的共同体。三方合作有助于创新南南合作，应对国际发展合作的新使命。

第一，通过机制创新为国际发展合作和全球治理提供更多公共产品。新南南合作应超越双边的南南合作，扩展到多边的南南合作，不仅要满足双边南南合作中的伙伴国利益，还要提供全球公共产品，为全球性的问题提供新的思路和解决方案。南南合作在过去提供资金、技术的基础上，还应积极主导创建新的国际机制。例如中国的"一带一路"倡议就是遵循国际规则的公共产品，已成为当今世界重要的国际合作平台之一。南方国家在继续推动国际货币基金组织、世界银行等以美国为主导的国际机构改革的同时，还应进行更多机制创新，为国际发展合作提供更多南方国家主导和参与的平台。亚洲基础设施投资银行、新开发银行、丝路基金等国际公共产品的创设均是以中国为首的南方国家在现有国际合作体系之外的重要创新。

第二，积极参与塑造日益多极化的国际体系，为国际合作体系提供新理念和新动力。新兴经济体正从国际合作体系的边缘者、参与者向倡议者、主导者转变。当前全球新兴经济体和发展中国家对世界经济增长的贡献已经超过80%，却迟迟没有在世界关键机构中获得适当的代表权与决策权。[①] 新兴经济体日益意识到，仅仅融入国际合作体系是不够的，还应积极塑造日益多极化的国际体系，增加南方国家在国际合作体系中的代表性和发言权，使得国际规则更加公平、合理、公正。"一带一路"倡议的目标之一就是打破西方主导的国际合作体系，将广大的南方国家联系起来，使得南方国家成为国际发展合作中的重要主体。

第三，促进南方国家和北方国家之间的相互学习，完善南方国家自身的发展路径。随着全球化的发展，南方和北方国家之间相互依赖的程度空前加深，成为你中有我、我中有你的命运共同体。打破北方国家主导的国际合作体系并不意味着南北关系的对立和冲突，事实上新南南合作是一种知识性分享，其使命之一是通过互相学习实现协调一致的发展政策体系。

对南方国家自身来说，自身实现可持续发展的路径也需完善。以中国为例，李克强总理在2018年两会期间发布的《政府工作报告》中指出，中国需打好

---

① 程诚：《亚投行"圈粉"的3个秘笈》，《人民日报》（海外版）2017年6月21日。

"精准扶贫""推进污染防治"等"三大攻坚战"。中国政府借此对世界传达信息：中国自身的贫困问题尚未完全解决，中国必须首先解决自身的贫困问题，才有更大力量为全球发展做出贡献。①

4. 新南南合作的中国方案

作为新南南合作与国际合作理念和路径的引领者，中国不但为其他发展中国家提供资金援助，而且在国际机制创新、发展经验和理念的平行转移方面贡献了中国方案。

2017年9月，中国国家主席习近平承诺中国将在南南合作援助基金项下提供5亿美元的援助，帮助其他发展中国家应对饥荒、难民、气候变化、公共卫生等挑战；中方还将利用国际发展知识中心、南南合作与发展学院等平台，同各国加强发展经验交流和能力建设合作，并在未来一年为其他发展中国家提供4万个来华培训名额。为推动国际发展合作，中方利用南南合作援助基金、中国—联合国和平与发展基金、气候变化南南合作基金等机制，积极助力其他发展中国家落实可持续发展议程。

在全球层面，中国一直以建设性的态度参与全球

---

① 庞中英：《未来5年是中国"强起来"的华丽时段，"强起来"的中国对世界意味着什么?》，《华夏时报》2018年3月6日第37版。

机制建设，提供了亚洲基础设施投资银行、新开发银行、"一带一路"倡议等一系列全球治理和南南合作的公共产品。更重要的是，中国倡议的新国际机制不主张霸权，倾向于照顾弱势国家的利益，较多考虑南方国家的发展。以 G20 为例，作为 G20 创始成员和 2016 年主席国，中国认为"G20 不仅属于各成员，更属于全世界"，积极推动 G20 成为全球治理的重要平台。中国也借助 G20 的平台积极提供南南合作的中国方案，2016 年杭州峰会开创了多个"第一次"：第一次把发展问题置于全球宏观政策框架的突出位置，第一次制定落实联合国《2030 年可持续发展议程》行动计划，第一次将支持非洲工业化写入了 G20 公报。过去的 G20 峰会大多讨论北方国家关心的议题，而南方国家及其关心的发展、基础设施建设议题则被边缘化。

在国家层面，中国与南方国家进行双边合作时坚持平等互利、尊重国家主权和自主权、建立平等伙伴关系、不附加条件的原则，充分尊重非洲国家的自主发展意愿和能力。以东非国家埃塞俄比亚为例，中埃合作彰显了低收入国家与新兴经济体的南南合作带来的双赢效果。埃塞俄比亚的领导人借鉴东亚"发展型国家"的理念，成功地利用南南合作服务于自身的政策目标和国家利益。中国与埃塞俄比亚的合作主要集中在基础设施建设、制造业和农工业。除了资金方面的支持，中国还通过参与埃塞俄比亚经济特区和工业园区的建造和运营，将技能和经验转移到埃塞俄比亚。同时，中国与埃塞俄比亚的合作并不是排他的，中国欢迎合作伙伴多元化。埃塞俄比亚既吸引了中国、印度、巴西等新兴经济体，也聚集了几乎所有的北方援助国。北方国家大多致力于国家治理、营商环境等的提升，而新兴经济体则侧重基础设施建设和经贸投资，但南南合作与南北合作并不是冲突的关系。中国修建的亚吉铁路使得亚的斯亚贝巴与吉布提之间的运输时间从1周缩短到10多个小时，极大地提高了物流效率，推动了埃塞俄比亚的工业化战略，并与铁路沿线工业园和经济走廊的建设相互助力。此外，中国公司也大量参与西方援助项目的招投标，成为西方发电项目、公路建设和电信业务的承包商。基础设施建设的提高有助于埃塞俄比亚整体营商环境的提高，北方合作国家也将从中受益。

在理念层面，党的十九大报告明确提出共商、共建、共享的全球治理观。中国支持发达国家和发展中国家都实现发展，特别是脆弱国家实现发展。这表明中国坚持世界各国不分大小或强弱，平等参与全球治理，力图打破冷战之后霸权主导下的国际体系的决心。

中国方案为南南合作升级提供了新理念、新模式和新动力，引领南南合作实现新跨越。在2015年南南合作圆桌会议上习近平主席就新时期南南合作提出了5个建议：一要致力于探索多元发展道路；二要致力于促进各国发展战略对接；三要致力于实现务实发展成效；四要致力于完善全球发展架构。如今中国正在一一践行这些建议，为南南合作提供示范效应。

在国际体系深刻变革的今天，南南合作应在逆全球化的背景下超越狭隘的国家利益，通过构建命运共同体充分利用每个南方国家的比较优势，找到利益结合点，提供实现多赢的解决方案。南南合作的新使命是帮助发展中国家应对发展挑战，提供最具针对性和借鉴意义的解决方案。三方合作作为连接南南合作和南北合作的桥梁，利用优势互补，促进国际发展合作体系的协调和完善。

三　中欧非开展三方合作的必要性与可行性

对非事务是对中国和欧洲全球治理能力的考验，也是深化中欧战略合作伙伴关系的关键。面对美国带来的逆全球化潮流和全球不确定局面，中欧非三方合作对中美和欧美关系博弈具有权重和砝码作用。中国和欧洲在非洲没有战略性的利益冲突，双方对非具体政策的分歧在缩小，且均有加强对非事务合作的意愿。

（一）中国对非洲的政策

中国与非洲在近代的第一次外交接触始于1955年的首届亚非会议，即万隆会议，当时的29个亚非参会国中有6个来自非洲。时任中国总理周恩来参加会议并发表了至今仍指导着中国外交政策的"和平共处五项原则"，其中包括最有影响力的"不干涉内政原则"。中国对非洲的政策以改革开放为界，大致可以分为两个阶段。在改革开放之前，中国的对非政策主要受意识形态主导，经济利益服从于外交和政治需要，这一时期的中非经贸合作多属于"非经济行为"①。援助资金、主体和方式相对单一，以国家之间的合作为主，中国在非洲的很多无偿援建工程（例如坦赞铁路）在"交钥匙"后陷入困境，难以为继。

自1978年以来，中国对非政策完成意识形态从强调到弱化的转变②。中国更加务实理性，对非合作资金来源、合作主体和方式多样化，援助和外交主要服务于经济利益，企业成为合作的主体。2000年，中非合作论坛成立，中非关系进入机制化阶段。2006年1月，中国发布了第一份《中国对非洲政策文件》，当年11月，中非合作论坛北京峰会召开，近40个非洲国家的首脑齐聚北京。中国在非洲的活动日益受到国际社会的关注，中国在追求互利的经济利益的同时，重视中

---

① 中国社会科学院学者张宏明认为这一时期中非经贸"非经济行为"的特点是：社会制度或意识形态取向的同异在相当大程度上决定了国家关系的亲疏；经济利益服从并服务于政治、外交需要；经济关系局限于双边和官方；合作领域狭窄，其中又以中国单方面援助为主，双边贸易为辅，合作主体和形式单一，对非投资尚未提上议事日程。参见张宏明《中国与非洲的发展合作》，张宏明主编《中国和世界主要经济体与非洲经贸合作研究》，世界知识出版社2012年版。

② 李安山：《论中国对非洲政策的调适与转变》，《西亚非洲》2006年第8期。

国的大国形象和责任，义利并举。

2018年9月3日，中国国家主席习近平出席中非合作论坛北京峰会开幕式，并发表题为《携手共命运，同心促发展》的主旨演讲，呼吁中非携手打造责任共担、合作共赢、幸福共享、文化共兴、安全共筑、和谐共生的中非命运共同体。此次峰会是中国2018年举办的规模最大、外国领导人出席最多的主场外交。习近平主席提出了中非合作在未来3年和今后一段时间重点实施的"八大行动"：实施产业促进行动、实施设施联通行动、实施贸易便利行动、实施绿色发展行动、实施能力建设行动、实施健康卫生行动、实施人文交流行动和实施和平安全行动。"八大行动"是中国对非政策的延续与创新，延续了中非合作一贯的务实风格，继续致力于破解非洲基础设施滞后、人才不足、资金短缺的发展瓶颈，注重与非洲自身发展战略的对接，从而全方位深化中非合作。

在合作领域的广度上，中非合作"八大行动"延续了约翰内斯堡峰会确立的中非"十大合作计划"，体现了全方位深化的中非全面战略合作伙伴关系。"八大行动"之首的产业促进行动实质上是在中非工业化合作计划和农业现代化合作计划两大计划基础上的升级，不仅延续了工业化计划中经贸合作区的建设和升级，也凸显了对非洲农业发展的愈加重视。中国积极推动非洲工业化进程,参与非洲各国的工业园区、经贸合作区的规划、建设和运营,帮助非洲国家以工业园引领整体经济发展。中国也意识到,在助推非洲工业化的进程中不应忽视农业的基础地位。非盟《2063年议程》的第一个愿景即提出发展现代化农业,促进产量、产能和产品附加值增长,为农民创收、国家繁荣以及非洲农作物安全提供动力。因此,中国将在未来3年继续支持非洲在2030年前基本实现粮食安全,实施50个农业援助项目,向非洲受灾国家提供10亿元人民币紧急人道主义粮食援助,向非洲派遣500名高级农业专家,培养青年农业科研领军人才和农民致富带头人。

"同非洲一道制定并实施"成为"八大行动"的关键词。在产业促进行动中提出"同非洲一道制定并实施中非农业现代化合作规划和行动计划";在设施联通行动中提出"中国决定和非洲联盟启动编制《中非基础设施合作规划》",充分表明中国不把自己的意志强加于人,不干预非洲国家探索符合国情的发展道路,而是在共商、共建、共享的基础上与非洲合作。中国的对非行动并不是另起炉灶,而是建立在充分尊重非洲的自主发展计划,愿意倾听非洲的需求基础上,凸显了中非合作的真实亲诚。

在平等相待、相互学习、共谋发展的原则和目标下,中国在政治、经济、和平与安全等领域加强中非全方位合作。在政治层面,中国注重与非洲高层互访,延续了中国外交部长每年首次出访必是非洲的传统。在独立自主、互不干涉内政原则的基础上,中国不但与非洲各国的执政党交往,也与非洲反对党保持各种形式的交往,增进政治互信。中国支持非洲国家平等参与国际事务,共同致力于加强联合国的作用,建立公正合理、平等互利的国际政治经济新秩序,推进国际关系的民主化和法治化。

在经济层面,目前中国已成为非洲最大贸易伙伴国,非洲成为中国重要的进口来源地、第二大海外工程承包市场和第四大投资目的地[1]。中非双边贸易额从2000年的100亿美元增长到2014年的2200亿美元。李克强总理在2014年为中非贸易规模设定了到2020年达到4000亿美元左右的目标。中国致力于推动贸易的可持续发展,改善中非贸易结构,为此中国政府采取措施为更多非洲产品进入中国市场提供便利,认真实施给予非洲最不发达国家部分对华出口商品免关税待遇,以扩大和平衡双边贸易,优化贸易结构。中国政府鼓励和支持中国企业到非洲投资兴业,通过中国进出口银行和国家开发银行继续为此提供优惠贷款和优惠出口买方信贷。中国还通过减免债务、援助与投资相结合的方式,全方位地支持与非农业、基础设施、

---

[1] 《中国与非洲的经贸合作白皮书(2013)》,国务院新闻办公室。

医疗卫生等民生领域的合作。根据2014年发布的中国对外援助白皮书，当前中国对外援助一半以上的资金在非洲。

在和平与安全方面，中国支持非洲联盟等地区组织及国家解决地区冲突，积极推动联合国安理会关注并帮助解决非洲地区冲突问题，继续支持并参与联合国在非洲的维和行动。中国曾多次派遣成建制工兵营参与苏丹、马里的维和，2014年9月，中国首次派遣700人规模的维和步兵营（作战部队）参与南苏丹的维和行动。

从全球治理的角度来看，中国对非洲的政策基本是在美国领导、欧洲追随的布雷顿森林体系下，在西方通过结构改造推行的经济自由化和民主化的非洲治理下实施的。换言之，中国是西方创立和主导的非洲治理体系的现状维持者、参与者，某种程度上也是其受益者。自21世纪以来，中国从非洲治理的普通参与者，日益成为关键参与者、推动者和规则共同制定者。

中国在非洲治理中的地位显著提高有多方面的因素。首先，自20世纪90年代中期以来，中国经济的快速增长对能源和原材料的需求迅速增大，对非洲作为原料供应地和海外市场的地位开始重新重视。其次，随着中国经济实力的提高，尤其是2011年中国跃升为世界第二大经济体,非洲对中国的期望值不断提高,西方的非议和批评不断,如何运用日益提升的经济实力提高国家形象和政治影响力成为中国外交的新议题。做负责任世界大国的责任感推动中国积极参与非洲治理,因此,2013年习近平主席访问非洲时提出"真、实、亲、诚"的对非工作方针和正确义利观。此外,欧洲、美国等昔日强国经济实力和对非影响力的衰减为中国在非洲增强治理创造了有利空间。

(二) 欧盟对非洲的政策

欧盟对非洲的政策有两大框架:一个是存在已久的南北合作框架,即欧洲经济共同体/欧盟与非洲、加勒比和太平洋地区国家之间自1975年签订的四个《洛美协定》和2000年的《科托努协定》;另一个则是2007年欧非首脑共同制定的"非欧联合战略"(JAES),是欧盟在新时期将非洲大陆视作一个整体出台的全面战略,平等和伙伴关系成为欧盟对非政策的新关键词。

由于长期的殖民统治,欧洲与非洲之间有着特殊的历史、文化、语言等联系。1957年欧洲经济共同体(简称"欧共体")创建初期,只有6个核心成员国,当时的法国、比利时、荷兰甚至意大利在非洲都还有殖民地，因此《罗马条约》的第 131 条确立了欧共体与非洲国家领土之间的"联系"政策（association），其实质是为了维持欧洲前宗主国对非洲前殖民地的控制。在贸易和发展层面，欧盟通过两个《雅温得协定》（1963—1975 年）和三个《洛美协定》（1975—1989 年）向非洲提供援助和单向贸易优惠。第一个《洛美协定》标志着欧洲对非政策的顶峰，单向贸易优惠和不附加政治及经济条件体现了欧共体政策的独特性。

自冷战以来，欧盟及其成员国一直是发展合作领域的领头羊。欧盟作为整体是官方发展援助（ODA）最大的来源[①]，贡献了 ODA 总额的一大半，但欧盟对非洲的发展政策是建立在不平等的援助者和受援者关系基础上的。冷战之后，欧共体与非洲签署第四个《洛美协定》，从此追随世界银行和国际货币基金组织为非洲开出的新自由主义药方，对非洲国家提供的援助在经济上设定结构改造的条件，政治上以民主和人权为条件。2000 年，《科托努协定》取代到期的《洛美协定》。《科托努协定》主要包括政治对话、发展合作、经济与贸易合作三个部分。在政治方面，欧盟以

[①] Florian Kitt, 2010, "EU Aid Architecture: Recent Trends and Policy Directions", The World Bank Group working paper, http://documents.worldbank.org/curated/en/2010/01/12059403/eu-aid-architecture-recent-trends-policy-directions.

"良治"作为与非、加、太关系的核心；在经济方面，欧盟力图以互惠的自由贸易体制取代特惠制。世贸组织2001年裁定欧盟与非、加、太国家应在2007年年底前停止单方面贸易优惠安排。因此，从2002年开始，欧盟与非加太国家就互惠性贸易安排的《经济伙伴关系协议》进行谈判。经济伙伴关系协议不但对非洲商品进入欧洲市场提供免关税的待遇，也要求非洲国家向欧洲开放高达80%的市场，同时逐渐减免税收。由于协议遭到很多非洲国家的反对，欧盟将非洲国家分为西非、中非、东南部非洲（ESA）、东部非洲共同体（EAC）、南部非洲共同体（SADC）五个集团，采取分别谈判、各个击破的策略。截至2015年7月，欧盟与东共体、南共体正式签署《经济伙伴关系协议》，与西非的谈判基本完成[①]。

随着非洲国家经济的快速增长，以及21世纪以来中国、印度、巴西等新兴国家在非洲的崛起，欧盟对非洲的战略也发生了深刻的调整。2005年12月欧盟理事会出台题为《欧盟与非洲：走向战略伙伴关系》的对非战略文件。2007年，非欧国家首脑共同制定"非洲—欧洲联合战略"，试图改变传统关系，在平等的基础上建立新的战略合作伙伴关系。"2014—2017年欧非

[①] "Overview of EPA Negotiations", http://trade.ec.europa.eu/doclib/docs/2009/september/tradoc_144912.pdf.

行动计划"确定的优先领域包括和平与安全、民主、良治和人权、人的发展、可持续的、包容的发展和增长以及全球新议题[①]。与《科托努协定》相比，主要增加了和平与安全和全球新议题两大重点。2014年，第四届欧非峰会在布鲁塞尔召开，会议的主题是"投资于人民、繁荣与和平"，讨论如何抓住发展的机遇，扩大非欧大陆在政治、经济、投资和贸易方面的联系。2017年，第五届欧盟—非盟峰会在科特迪瓦经济首都阿比让召开，这是继2010年第三届峰会于利比亚召开后，时隔7年再次重返非洲大陆，也是该峰会首次在撒哈拉以南的非洲召开。第五次欧非峰会的主题是"为可持续未来投资青年"，其重要背景是2015年爆发的欧洲难民危机。大量中东和非洲难民及非法移民的涌入，给欧洲的财政和治安带来困扰，也影响了欧洲的民意。难民问题促使欧洲反思对非洲的援助策略，希望通过促进非洲经济发展和青年就业以阻止非洲非法移民涌向欧洲。非洲成为欧洲问题的解决方案。

从《洛美协定》到欧非战略伙伴关系，欧盟加大对非政策调整的力度，希望实现非欧关系从依附到平等的转变[②]。欧盟对非政策的调整主要体现在：第一，

[①] Fourth EU-Africa Summit, 2–3 April 2014, Brussels, Roadmap 2014–2017.

[②] 金玲：《欧非关系转型——从"依附"到"平等"》，《国际问题研究》2008年第3期。

欧盟在官方话语中改变过去高高在上的态度，不再将非洲称作受援者，而是平等的战略合作伙伴。过去的《雅温得协定》《洛美协定》都是由欧盟单方面制定的，而经济伙伴关系协议则是由欧盟与非洲各国协商谈判，自 2000 年建立的欧非峰会体现了欧盟与非洲平等对话的意愿。第二，欧盟对非政策的议题更加广泛。双方从以往的发展合作关系提升到贸易、投资伙伴关系。欧盟还认为双方的对话应"超越非洲事务"[①]，希望在安全、发展和气候变化、移民和难民问题等全球治理领域与非洲国家加强合作，因为欧盟认为全球面临共同的挑战，非洲也是问题的解决者之一。

同时，欧盟对非政策的延续体现在：第一，传统的发展合作领域仍是欧非关系的重要基石。2002 年在墨西哥蒙特雷召开的联合国发展筹资问题国际会议上，欧盟承诺到 2010 年，整个欧盟及其成员提供的官方援助（ODA）达到国民收入（GNI）的 0.56%，到 2015 年达到联合国设定的 0.7% 的目标。2014—2017 年欧非行动计划中，欧盟承诺到 2015 年将非洲的贫困人口减少一半。第二，推行民主治理和人权仍是欧盟与非洲对话和伙伴关系的重要特点。通过建立战略合作伙

---

① "Communication from the Commission to the European Parliamentand the Council: from Cairo to Lisbon-the EU-African StrategicPartnership", http://ec.europa.eu/development/Geographical/RegionsCountries/EUAfrica3_en.cfm.

伴关系输出自己的价值观和规范，是欧盟进行全球治理的重要政策工具，因此欧盟对非洲的发展合作政策会长期坚持附加"良治"的政治条件。欧盟与非洲的伙伴关系在现实中仍受到传统的援助者—受援者思维的影响，真正实现平等尚需时日。

（三）中国与欧洲在对非事务中加强合作的必要性

自特朗普总统执政以来，美国领导全球事务包括非洲事务的意愿显著下降，中国和欧洲成为全球治理和多边主义的责任担当者。非洲事务的复杂性和重要性需要中国和欧洲的携手合作。

1. 对非事务是对中国和欧盟全球治理能力的考验

欧盟是全球治理的倡导者，也是积极践行者，欧盟自身就是全球治理在区域层面的典范。通过建立多边主义机制推行欧盟制定的规则、规范是欧盟全球治理的重要手段。在非洲，欧盟主要通过援助、贸易和政治对话推行人权、民主和法治为基础的"良治"。但当前的全球治理已处于十字路口[①]，欧盟在非洲的治

[①] 庞中英：《全球治理转型中的中欧"战略伙伴"关系》，《当代世界》2015年第7期。

理赤字日益严重。

第一，非洲事务兼具复杂性和重要性，西方主导的全球治理体系及机构无法对非洲问题提出有效的解决方案。全世界的最不发达国家、失败国家和脆弱国家大多数在非洲。非洲的发展关系到联合国可持续发展目标（SDG）的实现。欧盟在内的西方在非洲数十年的南北合作的有效性遭到质疑，赞比亚女经济学家丹比萨·莫约尖锐批评道："援助国过去是，未来仍将是政治、经济和人道主义灾难。"[①] 第二，主权债务危机、希腊危机、英国脱欧、中东难民危机等削弱了欧盟治理的软实力。在经济实力上，受国际金融危机影响，欧盟设定的援助达到国民收入0.7%的目标难以实现。更重要的是，欧元区危机使得欧盟变得更加注重内部事务，影响了在全球治理中发挥作用的意愿和能力。希腊危机、英国脱欧严重影响欧盟形象，削弱其以往说服、吸引的软实力，而在全球治理中，软实力比经济、军事实力更重要。第三，新兴国家的崛起带来治理者和被治理者身份的变化。冷战后，欧盟大力推行地区主义、主权分享等欧盟的成功治理经验，期望成为全球治理者。过去的全球治理是以美国和欧洲为中心，西方是治理规则的制定者，中国和非洲都是

[①] Dambisa Moyo, *Dead Aid: Why Aid is not Working and How There is a Better Way for Africa*, London: Allen Lane, 2010.

被动接受者。新兴国家的崛起对美欧领导的世界格局带来冲击，中国从问题的一部分变为问题的共同解决者。欧盟原先把中国作为欧盟主导的全球治理体系中的被治理者，而现在欧盟更多地把中国作为全球治理的伙伴。全球治理的很多问题和挑战如果没有中国的参与将难以解决。

从中国的角度来说，随着中国经济和政治实力的提高，国际社会对中国增强在全球治理中的作用有很高的期望。习近平主席上任后，中国的外交政策从"韬光养晦"向"奋发有为"转变，在追求经济互利的同时兼顾义利。中国参与全球治理、成为负责任的世界强国的意愿进一步增强。中国引领的"一带一路"倡议、亚洲基础设施投资银行和金砖银行，都是为全球治理提供的中国方案。

非洲事务需要中国和欧盟共同寻求解决方案。中国与欧盟都希望成为具有全球影响力的行为体，积极参与并引导全球治理，加强对非事务参与是中国与欧盟提高各自在全球治理中地位的重要途径。非洲面临的诸多问题，例如减贫、气候变化、埃博拉病毒、基础设施缺乏、经济多元化的缺失等，光靠欧盟或是中国自身的力量都不能够完成。是否能够加强对非事务合作，改善对非洲的治理是对中国和欧盟全球治理能力的考验，是对中国和欧盟能否以软实力塑造新的全球治理的检验。

2. 对非事务合作是深化中欧战略合作伙伴关系的关键

自 2003 年中国和欧盟确立战略合作伙伴关系以来，中欧在经贸领域的合作持续升温。中国是欧盟第二大贸易伙伴，欧盟连续 15 年保持中国第一大贸易伙伴地位。但由于双方在对华武器禁售、中国市场地位以及意识形态等领域存在关系分歧，欧洲方面对双方是否存在真正的战略合作伙伴关系有所质疑[1]。欧盟对中国的进一步期待在于促使中国参与全球治理，承担更多的责任，接受欧盟的有效多边主义。

在多极世界和全球治理的主张上，欧盟并不赞同美国的单极主义和霸权主义，而中国和欧盟的很多理念却不谋而合，双方都意识到了现行全球治理体系改革的必要性。欧盟积极参与中国倡导的亚洲基础设施投资银行，对美国、日本的立场保持独立的判断，体现出欧盟对全球治理改革的支持。

中欧双方认为"就重大国际和地区问题，特别是非洲等地区的磋商与协调，是双方全面战略伙伴关系

---

[1] 施美白、熊炜：《中欧战略伙伴关系的认知差异》，《公共外交季刊》2014 年第 2 期。

的重要组成部分"①。2007年欧盟倡议建立中欧非三边对话与合作机制，2008年欧盟委员会发布了《欧盟、非洲与中国：面向三边对话与合作》。加强对非事务合作有利于中国与欧盟相互学习，借鉴经验，有利于促进中欧之间理念的相互理解，缓解欧盟对中国在非洲挑战欧盟的"良治"、人权等目标的忧虑。面对全球变局，能否全球治理上加强合作考验着中欧的战略合作伙伴关系，对非事务合作是中欧增强政治互信、深化战略关系的关键。

在欧盟对华政策重新定位和平衡的关键时刻，对非事务协调有利于加强中欧竞合关系中的合作伙伴关系。2019年3月，欧盟委员会公布题为《欧盟与中国：战略展望》的对华政策文件，首次明确细化并重新定位与中国的关系。欧盟委员会政策文件对中国做出了两个新的判断：一是，中国的发展给欧洲带来的机遇和挑战已经失衡；二是，不应再将中国视为发展中国家。② 欧盟文件引发中国和西方媒体对欧盟对华政策是否发生重大转变的辩论，"对抗""竞争"的舆论一时甚嚣尘上。事实上，欧盟文件认为中国对于欧洲国家来说同时具有四个新的定位：是与欧盟有着紧密

---

① 《第十次中欧领导人会晤发表联合声明》，http：//news. xinhuanet. com/newscenter/2007-12/03/content_ 7193864. htm。

② 冯仲平：《如何理解当前中欧关系》，中美聚焦网，http：//cn. chinausfocus. com/m/38454. html。

一致目标的"合作伙伴",是欧盟需要寻求利益平衡的"谈判伙伴",是追求技术领导者地位的"经济竞争对手",也是倡导不同治理模式的"制度对手"。①欧盟与中国的竞争主要集中在经济领域,而在涉及对非发展领域,欧盟明确表示将"加强其与中国的合作,以履行人权、和平与安全以及发展这联合国三大支柱下的共同责任"。对非发展合作政策协调将成为中欧合作伙伴关系中的重要支点。

3. 中欧非三方合作对中美和欧美关系博弈具有权重和砝码作用

中欧关系的发展一直离不开中美欧的大三角,中美、中欧和美欧关系在博弈中联动发展。中国一贯重视欧洲在平衡对美关系和维护多边主义中的重要作用。2018 年,中国欧盟全面战略伙伴关系建立 15 周年,中国—欧盟领导人会晤机制建立 20 周年,中国发布了《对欧盟政策文件》,这是中国政府对欧盟的第三份政策文件,此前在 2003 年和 2014 年,中国政府先后发表了两份《对欧盟政策文件》。在全球大发展大变革大调整时期,中国认为欧盟是"国际格局中一支重要战略性力量"。

---

① "EU-China—A Strategic Outlook", https://ec.europa.eu/commission/sites/beta-political/files/communication-eu-china-a-strategic-outlook.pdf.

随着中美贸易摩擦的加剧，国际形势中不稳定、不确定因素增多，单边主义、保护主义、逆全球化思潮抬头。美国造成的不稳定局面为中国加强与欧洲的合作提供了新的动力。同时，美欧贸易摩擦、北约内部的裂痕也促使欧洲重新认识和重视中国的战略重要性。

2019年4月9日，中华人民共和国国务院总理李克强同欧洲理事会主席唐纳德·图斯克、欧盟委员会主席让-克洛德·容克在布鲁塞尔举行第二十一次中国—欧盟领导人会晤并发表《第二十一次中国—欧盟领导人会晤联合声明》，重申中欧全面战略伙伴关系的活力，回应了外界对欧中关系转向的疑虑。在一场由中国智库举办的讨论会上，法国前总理德维尔潘提及中美贸易战时表示，中国应与欧洲加深合作。他认为，中欧之间的利益存在互补，中国和欧洲在支持非洲进一步经济一体化、鼓励非盟发挥作用以及非洲自贸协定等方面，拥有共同利益。中欧目前缺乏的是更广泛和更深入的合作，其所凭借的信任不是一下子就可以建立的，而是需要不断累积。为了更高效地推动非洲发展，中欧应进一步密切合作，将视野扩大到非洲54个国家之外，提出全球性非洲方案，综合解决非洲面临的治理、安全、经济、民族等问题。非洲可以成为中欧创造性合作的重要目标，双方在非洲的稳定和发展上有共同利益。腐败问题让一些非洲国家几乎不可能走上发展的道路。没有中国与欧盟的共同意愿，非洲的部分国家将很难走出这种恶性循环。①

（四）中国与欧洲在对非事务中加强合作的可行性

1. 中欧在非洲没有战略性的利益冲突

尽管非洲成为中欧关系的一个热门议题，但非洲迄今为止尚未成为中国和欧美较劲的舞台或支点②。中国与欧洲在非洲有共同的经贸利益，但没有战略性的冲突。

中欧双方在非洲是互补性的竞合关系。非洲基础设施缺口很大，中非合作不仅给非洲带来了铁路、医院、学校等实实在在看得见的基础设施，也改善了非洲的贸易和投资环境。中国还承诺帮助非洲实现"三网一化"，即建设非洲高速铁路、高速公路和区域航空"三大网络"及基础设施工业化。这是中国为非洲提供的公共产品，欧盟在非洲的经贸和投资活动也能从

---

① 德维尔潘在2019年9月23日于清华科技园科技大厦启迪国际会议中心举办的"中国、非洲与欧洲大三角：21世纪的新挑战"研讨会上的发言。

② 刘贵今：《理性认识对中非关系的若干质疑》，《西亚非洲》2015年第1期。

中受益。

中国的"不干涉内政"原则不会损害和挑战欧盟在非洲推行的"良治"。事实上，中国并没有因为"不干涉"原则而推卸对非洲的国际责任，中国对维和、救灾、人道主义救援的积极参与反映了中国正在积极参与非洲的治理。在南苏丹2013年爆发的武装冲突中，中国积极与南苏丹冲突双方展开外交斡旋。中国在南苏丹的利益除了数十亿美元的投资协议和石油利益，还有保护中方人员的安全。中国非洲事务特别代表钟建华在接受路透社采访时说："对解决当地任何冲突的和平与安全方面应该进行更多地参与……这对中国是一个挑战。对我们来说是新事物……对中国外交事务而言是新的一章。"[①] 中国外交的积极变化应得到欧盟的认可和支持。欧盟推行的"良治"政策从长远看来有利于中国在非洲不断拓展的经贸和投资利益以及海外中国人的安全保护。在维护非洲和平与安全，促进对非经贸投资方面，中国与欧盟的利益从根本上来说是一致的，合作而非对抗是双方的理性选择。如何在非洲事务领域发挥更大的作用，中国和欧洲还有待进一步的交流和互相学习。

---

① "South Sudan Marks New Foreign Policy Chapter for China", Reuters, Feb. 11, 2014.

2. 中欧双方对非政策的分歧缩小

与欧洲政治家、学者和媒体普遍持有的观点不同，中国与欧洲在对非事务方面已经在事实上达成了很多共识，分歧远比想象的要小。在非洲，中欧双方的分歧与共识、竞争与合作将长期并存，但共识大于分歧。

在对非发展合作政策上，中国和欧盟都认同发展有效性原则。中欧都是关于援助有效性的《巴黎宣言》的签署国，釜山会议后，中欧双方都认同从"援助有效性"到"发展有效性"的理念转变，双方将继续促进《巴黎宣言》中包含的有效性原则。援助只是实现发展的一种手段成为双方的共识。不同的是，欧洲对"超越援助"的探讨仍然是在传统援助体系下进行的，试图将发展议题纳入南北合作的援助框架下；而中国则是将援助视作发展图景中的一部分，在南北合作框架之外对中非合作的方式进行创新，以援助促进工程承包、贸易和投资。

在对非发展的具体政策层面，中国与欧盟还在如下几方面渐行渐近。

第一，中国与欧盟都认同"软件"与"硬件"项目相结合的重要性。欧盟十分重视在非洲推行能力建设、法治对话等"软件"项目。中国的重点援助领域则在基础设施建设等"硬件"项目上，而非研究及能力建设等"软件"项目①。但中国目前也越来越重视"软件"领域的发展,在非洲我们与欧盟趋同的做法包括:向非洲国家提供能力建设的培训,进行治国理政理念和经验的交流;越来越重视非洲国家的民生项目,如农业、医疗、教育等。在中国的引领下,欧盟也重新重视基础设施和经济增长的重要性。

第二,中国与欧盟都认同多边主义是全球治理的有效机制。"良治"和"有效多边主义"是欧盟参与全球治理的两大工具。欧盟曾批评中国在非洲过于注重双边合作,而忽视多边合作。事实上,中国也正在积极拥抱多边主义的治理方式。2014年5月,中国宣布将与非洲开发银行共同推出一个名为"非洲共同成长基金"的20亿美元的投资工具,该基金不仅向中国公司开放,更是向最合适的竞标者开放。② 这显示了中国在过去重视与非洲国家进行双边合作的同时,在投资战略上也日益重视以多边方式与非洲合作。在对待亚洲基础设施投资银行的态度上,欧洲的参与以实际行动支持了中国的多边主义治理方式。

第三,中国与欧盟都注重利益与价值观的平衡。欧盟一直将自己视作"规范的力量""文明的力量",

---

① 贺文萍:《中国援助非洲:发展特点、作用及面临的挑战》,《西亚非洲》2010年第7期。

② 《中国改变对非投资战略》,FT中文网,http://www.ftchinese.com/story/001056291。

但现在的欧盟更加注重保持价值观和维护自身利益之间的平衡，换言之，欧盟变得更加实用主义。自2005年以来，在英国、法国、德国等欧洲大国以及北欧国家发布的非洲政策文件中都显示出强调本国在非洲经贸和投资利益的趋势。与此同时，中国作为新兴崛起的大国，也开始改变过于注重商业利益的外部形象，越来越强调"义"的重要性。中国政府发布的"绿色信贷"政策、李克强总理提出的中非合作"461"框架中的人文交流合作等，都是为了改善近年来中非关系重经贸、轻人文带来的失衡问题。在对非政策的义利平衡方面，欧盟开始更多强调经济利益，而中国重拾道义的重要性，双方的差距在缩小。

3. 中欧均有加强对非事务合作的意愿

在2006年发布的《第九次中欧领导人会晤联合声明》中，双方强调"各自与非洲关系的重要性，承诺一起为非洲的和平、稳定、可持续发展作出努力"[①]。2006—2007年，欧洲关于中欧在非洲进行三方合作的讨论比较多，但之后一直没有实质性的进展。在经过近十年的相互交流、学习和磨合后，中国与欧盟仍有加强对非事务合作的意愿。

---

① 《第九次中欧领导人会晤联合声明》，http://www.fmprc.gov.cn/ce/cebe/chn/zlk/dgdhgd/t290836.htm。

在2009年成立的中国—发展援助委员会研究小组（China-DAC Study Group）的平台上，中国开始与经合组织国家分享在基础设施、农业等行业与非洲合作的经验和教训，这表明中国和传统援助国都有着互相学习的意愿。欧盟驻华代表团、英国国际发展部等欧洲机构都积极与中国共同学习和分享，这为中国与欧盟增强对非事务合作打下了良好的基础。

2014年，新任欧盟国际合作与发展委员内文·米米察第一次出访即访问中国，重提建立中国、欧洲、非洲三方合作发展对话，"加强双方对各自政策的了解、消除存在的误解"。李克强总理2014年在非盟总部演讲时表示，"中方真心支持非洲合作伙伴多元化，乐见国际社会加大对非投入，愿意在非洲开展第三方合作"[1]。2015年，中非合作论坛成立15周年，中欧建交40周年，中法非签订第三方市场合作协议，首次提出"第三方市场合作"的中国方案，为中欧非三方合作创造了新的模式。

2019年6月，中英签署《关于开展第三方市场合作的谅解备忘录》，英国成为继法国、意大利、奥地利等国之后与中国正式开展第三方市场合作的欧洲又一重要国家。

---

[1] 《李克强在非盟会议中心的演讲》（全文），新华网，http://news.xinhuanet.com/world/2014-05/06/c_1110547295.htm。

四　中欧非三方合作的原则和重点领域识别

中欧增强对非事务合作，应尊重非洲关切，坚持中欧共同而有所区别的责任。首先，三方合作应尊重非洲的自主权，照顾非洲的立场和关切。欧洲学者 Berger 和欧盟官员 Wissenbach 建议欧盟"为保证政策的有效实施并避免冲突，应使中国参与和融入到共同议程的设置中来"。"融入"一词反映了欧盟希冀与中国合作的背后隐藏的意图：将中国纳入由欧盟设定规则、西方主导的治理框架。因此很多非洲国家对中欧非三边合作并不热衷，他们担心这样会丧失"另一种选择"，使得非洲的国家地位下降，战略空间变小。对于非洲的疑虑中国要充分理解并努力消除误解，坚持"非洲需求，非洲同意，非洲参与"的原则。同时，中国与欧盟应尊重彼此在非洲的合作模式，认同发展与合作并不是单一模式的。

中国参与全球治理和对非事务，还应坚持发展中国家的身份和地位。中国参与三方合作不是为了替欧洲传统援助国分担援助负担，《釜山宣言》中确定的"共同但有区别的责任"是原则。欧洲仍需对非洲履行原有的承诺，包括发展援助资金占其国民收入0.7%的目标。三方合作不应成为欧洲用来吸收新兴援助国，使之接受欧盟价值标准的工具。要建立真正的全球伙伴关系，必须克服南北思维模式，互相学习，共同解决问题。

尽管中国和欧盟在非洲有共同的利益、相似的政策，但双方在价值观和政治原则方面的分歧一时难以调和。三边合作应摒弃价值观之争，从具体的有实操性的项目开始，在合作中增进互信。联合国可持续发展议程的开启为中欧在全球治理和对非事务中加强合作提供了新的机遇和平台。中欧加强对非事务合作，应从减贫、农业和粮食安全、公共卫生等争议较小、对全球治理意义重大的领域开始，由易而难，循序渐进。

（一）加强在农业领域的合作[①]

中欧非应加强在农业领域的合作。非洲的耕地、

[①] 感谢江时学教授对领域识别部分的指点。

水资源、草场和渔业等资源极其丰富,具有发展农牧渔业的良好条件和巨大的潜力。但是,受经济发展水平和自然条件的制约,非洲的农业部门较为落后,粮食安全得不到保障。因此,加快非洲的农业发展,既有利于减少该地区的贫困现象,也有利于强化其经济活力。

长期以来,为加快非洲的农业发展,中国和欧盟都为其提供了大量资金和技术,甚至还派遣了技术人员。中欧对非洲农业发展的支持各有特色。这为中欧双方在非洲农业领域加强合作奠定了基础。

根据以往中欧双方在援助非洲农业发展的过程中积累的经验,今后中欧可在以下几个方面加强合作:(1)利用中欧在资金和技术等方面的优势,组建一个中欧非三方农业发展基金,以尽快改善非洲国家的农业基础设施;(2)加快农业技术转移力度,联合培训非洲国家的农业技术人员;(3)鼓励中国的非政府组织和志愿者与欧盟的同类组织和人员进入非洲国家的农民家庭,以实施覆盖面更广的扶贫计划;(4)发挥中欧双方驻非洲外交机构的优势,向非洲国家及时传递国际市场上农产品价格信息和技术信息;(5)邀请欧盟列席中非农业合作论坛;(6)在多哈回合、联合国粮农组织以及联合国可持续发展议程等多边机制中加强协调,最大限度地为非洲国家的农业发展创造有利的外部环境；(7) 共同兴建农业技术应用示范区，以中欧的先进农业技术替代非洲国家的一些落后的农业技术。以中国在非洲援建的农业技术示范中心为据点，开展中欧非三方农业合作试点，推进非洲的农业技术研究、示范与推广，提高农业生产能力，提高粮食安全，延伸农业产业链。

（二）加强在医疗卫生领域的合作

中欧非应加强在医疗卫生领域的合作。当前，非洲大陆仍然饱受艾滋病、结核病、疟疾等各种疾病的困扰。大部分非洲国家尚未建立覆盖全国的医疗卫生体系，医疗基础设施落后，医护资源匮乏，缺医少药的情况严重。因此，提高非洲的医疗卫生水平，有利于改善当地疾病治疗，促进人民的健康福祉，也有利于提高全球卫生安全。

中国和欧盟在非洲国家急需支持的医疗卫生领域均拥有经验，各有优势。在2014年抗击埃博拉的斗争中，中国与法、英等欧洲国家已有良好合作，这为中欧在非洲医疗领域加强合作奠定了基石。

未来中国和欧盟可以采取如下具体措施：第一，联合培养非洲当地医护人员、公共卫生人员和管理人员，促进非洲自身能力建设。在中国已建成的大量非洲医院和抗疟中心，与欧洲医疗专家共同举办公共卫生、医疗器械使用的培训。第二，增进中国援非医疗队与欧盟驻非医疗专家之间的交流，邀请欧洲专家针对非洲当地的安全状况、文化和宗教等与中国援非医疗队进行研讨。第三，邀请欧洲国家的卫生部官员、学者、企业员工、驻非医疗非政府组织列席每年召开的中非卫生国际合作研讨会，分享欧洲在非洲不同国家提供医疗服务的经验教训，便于中国制定差异化的国别策略。第四，促进中欧医疗企业之间的交流，通过行业协会邀请欧洲企业介绍非洲药品采购需求，以及企业如何与联合国采购机构合作共赢，探讨中欧合作在非洲本土生产医药产品的可能性。第五，联合建立非洲区域性的药品监测中心，由欧盟权威医疗机构出具针对中国输非医疗产品的监测或验证报告。第六，加强与非洲国家、联合国机构以及全球基金、盖茨基金、全球疫苗免疫联盟（GAVI）等国际非政府组织的协调。

（三）开展中欧非产能合作

开展中欧在非洲的产能合作。非洲经济正处于快速增长的时期，各国普遍希望摆脱对资源的依赖，发展多元化经济，加速工业化进程。中国已经进入了工业化的中期，生产线和装备处于世界中端水平，而欧洲发达国家处于高端水平。中欧增强产能合作可以非洲作为先行试点，促进非洲的工业化进程。

结合中国在生产能力与欧盟国家在技术、环境保护和制定标准方面的优势，对接非洲现阶段的需求，今后中欧可在以下几个方面开展产能合作：第一，召开中欧非行业峰会和论坛，或邀请欧盟商会等参与中国与非洲的工商业论坛，为三方企业提供信息、行业趋势，创造项目对接的机会。第二，发挥中国驻非使馆经济商务参赞处和欧盟驻非洲各国代表团及欧盟商会的作用，为中欧的企业家创造与非洲主管官员交流的机会，了解非洲各国的不同需求，寻求具体的产能合作项目。第三，聘请欧洲咨询公司或知名机构帮助中国做在非产能项目的调研，掌握法律、民情，帮助甄别风险、防范风险、规避风险。第四，鼓励中欧企业与当地企业建立合资公司，更广泛地参与国际招投标；促进中欧企业在非洲联合竞标。由中欧咨询企业、制造企业、基建企业联合组成竞标集团，学习彼此优秀的企业文化，发挥各自的优势，共同开发非洲市场。第五，促进中欧银行之间的合作，在国际货币基金组织、亚洲基础设施投资银行等开发性金融机构的基础上发展适合非洲当地特色的高效金融工具，为产能合作提供多种资金途径的支持。第六，中欧在非洲共同创办职业技术培训学校，利用双方的经验与优势为非洲提供能力建设、本土人才培养和技术转移。第七，邀请欧洲企业入驻中国在非洲已创建或即将创建的工业园区，发挥中欧各自的优势，在产业链的不同环节开展合作，完善非洲的产业链。第八，创立中欧在非产能合作示范基地，在示范基地所在国设立专门的中欧产能合作基金，通过股权投资、债务融资等多种方式来提供支持。第九，以电力和清洁能源作为未来三方合作的示范行业，促进中欧企业共同研发、投资电厂和清洁能源项目。第十，建立中欧非产能合作人才库，促进三方智库、企业、媒体、非政府组织等多种主体的参与合作，增强对中国参与对非事务的实务人员的培训。

（四）加强对非洲青年职业培训的合作

人才不足是非洲三大发展瓶颈之一，因此中国对非洲人才的能力建设贯穿于历届中非合作论坛行动计划的各合作领域。特别是2018年中非合作论坛北京峰会首次将能力建设行动单独列为一项重要举措，成为"八大行动"的最大亮点。

在南非约翰内斯堡提出的中非"十大合作计划"中，与能力建设相关的举措包括设立区域职教中心和能力建设学院，为非洲培训职业技术人才（中非工业化合作计划）；向非洲派遣30批次的农业技术专家和职业教师组，提供技术和教学指导，加强非洲农业发展能力（中非农业现代化合作计划）；为非洲新建或升级改造5个包括航空、铁路和公路在内的交通大学（中非基础设施合作计划）；帮助非洲提升医药产业自主和可持续发展能力（中非公共卫生合作计划）；提供学历学位教育和政府奖学金，培训新闻从业人员（中非人文合作计划）等。

北京峰会的能力建设行动将在非洲设立10个"鲁班工坊"，向非洲青年提供职业技能培训；支持设立旨在推动青年创新创业合作的中非创新合作中心；实施"头雁计划"，为非洲培训1000名精英人才；为非洲提供5万个中国政府奖学金名额，为非洲提供5万个研修培训名额，邀请2000名非洲青年来华交流。在举措方面，"鲁班工坊"和"头雁计划"是亮点，既注重为非洲培养传统技术人才和创新人才，也帮助非洲精英人才、企业家和创业者加强与中国进行发展经验的交流，从而助力非洲经济社会发展规划。

作为世界上人口结构最为年轻的大陆，非洲国家的青年发展是值得关注的重大问题。非洲65%的人口年龄低于35岁，几乎一半的人口年龄低于19岁。持续数十年的人口高速增长积累的人口红利有可能成为非洲发展的一个积极因素，但青年的教育和就业也成为非洲国家面临的严峻挑战，只有妥善应对青年就业和教育培训方面的挑战，才能实现非洲的经济多元化和经济持续增长。为此，非盟制定了"通过向青年进行投资实现人口红利"的路线图，将投资青年设定为2017年峰会的主题，希望通过加大对非洲青年的投资来推动非盟《2063年议程》。

自2000年中非合作论坛以来，青年议题一直是中非合作的重点之一。与过去的中非青年合作以政府为主导力量，主要以提供政府奖学金的方式支持非洲学生来华学习相比，2018年北京峰会的"八大行动"中全都贯穿了对非洲青年的支持，并鼓励中国企业参与中非青年合作。例如在产业促进行动中提出，支持成立中国在非企业社会责任联盟。企业社会责任早已超越了捐资助学等慈善行动，提供工作岗位、促进青年就业创业、助推结构转型成为考量中国企业在非社会责任的关键。

欧盟对非洲的发展战略也开始聚焦青年培训和就业，着眼未来。2017年年底，第五届欧盟—非盟峰会在科特迪瓦经济首都阿比让举行，主题为"为可持续未来投资青年"，通过了"投资青年，促进包容性增长和可持续发展"的联合宣言，提出双方将本着"相互信任、主权平等、诚信、独立"的合作原则发展互利伙伴关系。让－克洛德·容克主席在2018年9月12日的国情咨文中提议通过投资和创造就业机会深化欧盟与非洲的经济和贸易关系。

非洲青年就业关系到非洲大陆的稳定，是非盟和非洲国家、中国和欧盟共同重视的议题，欧洲在职业教育体系建设方面积累了多年的经验，中国在非洲的大量承包工程和投资能够为职业教育提供企业支持，这为青年职业教育和就业领域的三方合作奠定了基础。

（五）增强维护非洲和平与安全的对话

维护非洲的和平与安全关系到中国与欧盟自身的利益，也是双方的国际责任。但中国和欧盟在对待国家主权和是否干涉内政方面的分歧在短期内不可能消弭，因此，中国与欧盟在非洲和平安全领域的合作应从交流对话开始。

未来具体可在如下方面展开合作：第一，定期就苏丹、索马里、刚果（金）等非洲国家的安全形势沟通信息，探讨联合国框架下的解决方式，通过对话增进互信。第二，增进和平与安全领域人员的交流与培训，中欧就非洲冲突预防、管理与解决以及冲突后重建与发展等议题开展研讨。第三，中欧共同为非洲维和部队提供培训，支持非洲常备军和快速反应部队建设，支持非洲集体安全机制建设，增强非洲在维和、反恐和打击海盗方面的能力。第四，建立建设性的非洲和平事务合作对话机制和专门的机构。在中法、中英以及中国与欧盟非洲事务磋商机制的基础上，建立针对非洲和平安全事务的中欧研究中心，必要时可以智库的身份斡旋非洲安全事务。第五，资助中欧非三方联合研究，加强中国、欧洲和非洲三方的政策制定者、学者、媒体和民间组织之间的交流，创造对话平台，营造有利于中欧合作的良性互动。

中国与欧盟均认同非洲冲突的根源是发展问题，因此，双方的合作应以促进非洲经济增长和可持续发展为重点，从而实现持久的和平。

（六）以农业和医疗为抓手从易到难推进三方合作

中国与欧盟在对非事务中加强合作，既要接地气，从具体的国家和领域入手，从试点开始逐渐探索，也要有全球治理的格局，通过伙伴对话促进互信。全球治理的改革势在必行，中国与欧盟如何在积极参与和塑造全球治理的过程中发展真正的战略伙伴关系，对非事务合作既是挑战，也是机遇。

需要指出的是，除了企业开展的第三方市场合作，中欧非在非洲发展合作领域实际已开展的三方合作项目仍然比较少。国家发展改革委发布的《第三方市场合作指南和案例》以"解剖麻雀"的方式，列举了产品服务类、工程合作类、投资合作类、产融结合类、战略合作类5个类别21个案例。入选的案例涵盖铁路、化工、油气、电力、金融等多个领域，涉及日本、英国等国的合作伙伴以及印度尼西亚、埃塞俄比亚等合作项目所在国。

中英非三方合作的 Agri TT 项目是中国首次通过三方合作的形式与其他非联合国组织合作开展对非洲的农业技术转移。2008年11月，在中英可持续发展对话机制框架下，两国在北京签署《中英可持续农业合作谅解备忘录》，提出加强双方在可持续农业领域的交流，发挥中英农业可持续创新协作网（SAIN）的平台作用，创新合作模式，商议共同促进粮食安全和开展中英非三方合作。2012年5月英国国际发展部（DFID）批准了中英非三方农业合作项目合作伙伴关系加速农业技术转移（Agri TT），提供总额为1000万英镑的项目资金。2012年11月，中英与乌干达和马拉维分别签署了关于开展木薯和罗非鱼技术点的项目谅解备忘录，正式启动了旨在促进中国实用农业技术向低收入国家转移的三方农业合作项目。项目在英国国际发展部、中国农业农村部和商务部监督指导下，由中国农业农村部对外经济合作中心和英国 Landell Mills 公司负责执行。与马拉维政府、乌干达政府合作实施项目的过程中，有一个专门的项目管理办公室进行协调，并提供监测和评估。整个项目于 2013 年开始运行，历时 4 年，于 2017 年 3 月 31 日完成。Agri TT 囊括试点项目、联合研究和交流共享三部分的内容：一是分别在马拉维和乌干达的两个试点开发项目。二是设立研究挑战基金（RCF），支持完成了 11 个联合研究项目，来自非洲、东南亚、中国以及英国的研究员组成三方研究团队，在基金的支持下因地制宜的从价值链角度采用来自中国的适合发展中国家的技术和创新，明确发展的机遇和障碍，并提出了改善 12 个关键价值链的建议，从而使农村贫困群体能够更好地做出生产经营选择。三是促进多个层面的交流，与决策者和农业从业人员分享与农业生产和应对粮食安全挑战有关的创新方案，也通过研讨会、会议、新闻发布、文献发表、视频和社交媒体进行更加广泛的信息传播。中英非农业合作填补了中英两国在各自的双边援助中的短板和空白，一方面解决了英国在对外援助中高成本的技术转移，并不适合发展中国家的问题，凸显出英国在研究和资金方面的优势，另一方面提高了中国适用于发展中国家的农业技术的转移效率和可持续性，也为中国的三方合作模式提供了新思路。①

从上述5个领域全面开展三方合作并不现实，因此三方合作应从争议较小的领域，例如农业和医疗领域起步，发挥成功案例的示范效应，从易到难，逐步务实推进三方合作。

---

① 参见《中英非农业发展三方合作项目》，武雅斌主编《新时期中非发展合作研究报告》，对外经济贸易大学全球价值链研究院，中国商务出版社2018年版，第197—211页。

案例篇

中欧非三方合作可行性的具体案例研究

五　中欧非三方合作案例研究：中英在非洲和平与安全领域的合作[*]

中国和英国在非洲的安全理念趋同和安全利益的交集，中国更加积极参与非洲安全事务的态度，非洲"2063年愿景"对和平与安全、全球伙伴关系的渴求，以及中英两国面向21世纪全球全面战略伙伴关系的开启，都为中英两国在非洲的安全合作提供了可能性和有利条件。但与此同时，英国发展政策的安全化趋势、非洲对中英两国安全合作的疑虑，以及中英两国自身的限度对中英在非安全合作提出了挑战。中英两国在非洲的安全合作能否从愿景付诸现实，关键在于双方能否在共识的基础上合理、有效地管控分歧，推动中国的非洲和平与安全合作计划与英国海外稳定战略对

---

[*] 部分内容原载于周瑾艳《中英非和平安全合作的前景与挑战》，《国际展望》2016年第6期。

接，建立多层次的安全合作机制。构建中英非三方安全对话机制、从发展的源头预防和应对冲突、增强非传统安全合作等是中英非三方未来安全合作的潜在领域和路径。本报告主要探讨中国和英国在非洲进行安全合作的可行性与必要性、有利条件与潜在困难，展望中国与英国未来在非洲如何进行安全合作。

（一）中英在非安全合作的可行性与必要性

1. 非洲和平安全局势的客观挑战

非洲的和平与安全局势在客观上对中英两国构成了共同的挑战，恐怖主义、跨国犯罪、武器扩散是对中英两国的共同威胁。当前非洲的冲突主要有四种类型：国家之间的冲突，例如埃塞俄比亚和埃里特利亚之间遗留的冲突；因贫困和不平等造成的一国内部的冲突；因多年的国家治理失败以及贫困和经济不平等引发的冲突，如"索马里青年党"（al-Shabaab）、尼日利亚"博科圣地"（Bokoharam）等；因粮食安全问题、环境污染引发的跨国资源冲突。不同形式的冲突相互交织，相互影响，冲突的后果很少局限于一国内部，而是很快殃及其他国家，具有跨界传导效应；而冲突虽由民族、宗教、政治、文化等多种因素交织造成，但根源一般都是经济发展的落后和不平衡。中英两国在非洲日益增多的公民侨民、贸易投资和商业市场决定了不得不共同应对非洲地区复杂的安全局势。

中英两国在非洲有共同的海外安全利益。非洲是中英两国共同的重要贸易伙伴、能源资源进口来源地和投资目的地,非洲还是中国的第二大工程承包市场。当前中国在非洲最大的安全利益是保护中国在非洲的公民、企业和资产的安全。索马里护航、利比亚撤侨、吉布提军事保障设施的建立标志着中国对在非海外利益的日益重视。中国决策者日益意识到"中国不可能完全置身于非洲的安全与政治环境变动进程之外来推进对非合作"[①]。但相对于经贸合作,安全仍是中国的短板,中国在非洲面临不断增长的安全需求与安全供给不足之间的矛盾。保护海外公民和维护海外利益同样是英国安全战略的重要目标,为此英国在过去的5年中在科特迪瓦、马达加斯加、马里、南苏丹、索马里和利比里亚5国增设了6个新的使馆。随着中英两国在非洲的利益交集日益增大,支持非洲和平与安全符合中英两国的现实和长远利益。

同时,作为联合国安理会常任理事国,中国和英国都有责任和道义去维护非洲的和平与安全。英国制定了海外稳定战略;中国分别于2012年和2015年提

---

① 贺文萍:《非洲安全形势特点及中非安全合作新视角》,《亚非纵横》2015年第2期。

出"中非和平安全合作伙伴倡议"及"中非和平安全合作计划",和平安全成为中非合作十大重点领域之一。在2016年6月举行的首次中英高级别安全对话中,中英双方同意围绕保护两国公民、外交机构和海外经济利益及时建立合作机制,开展有效协作。

2. 英国的战略选择下的中英在非安全合作

站在21世纪的第二个10年,世界的融合在进一步深化,没有任何一个国家可以仅凭一己之力保障自身国民的安全已成为全球共识。中国因其经济体量、人口规模、发展速度和世界影响力正成为全球治理的中坚力量之一。西方大国意识到,提供全球公共产品、应对气候变化、可持续发展及世界和平与安全等国际问题,必须依靠既有大国与中国等新兴国家之间的合作。要求中国承担更多国际发展和安全责任成为西方大国在当前阶段对华的重要政策目标。对中国在非洲的存在,一方面,西方国家继续指责中国为"新殖民主义者""资源掠夺者",但另一方面,西方国家和组织近年来频繁对中国提出在非洲开展三方合作的要求。

就在非合作来说,英国要比中国积极得多,中国则比较被动。英国希望与中国在非洲开展安全合作的主要动因有如下几个。首先,英国希望增强以规则为基础的国际体系。英国的《国家安全战略和〈战略防御与安全评审〉2015》指出英国安全战略未来10年需要应对的四大挑战之一便是"以规则为基础的国际秩序受到侵蚀，使得凝聚共识和应对全球威胁更加困难"①。与英国2010国家安全战略②相比，这是最大的变化。

现行国际规则是由美、英为主的西方大国制定的，英国的本质是希望将中国纳入西方主导的国际体系。遵守和维护现行国际体系的中国最为符合英国——一个实力和地位相对衰落中的既有大国的利益，因此英国希望将中国纳入现行的国际安全秩序，促使中国遵守以美欧为首的西方制定的国际规则。英国率先申请作为创始成员国加入亚洲基础设施投资银行（简称亚投行），重要意图之一就是在亚投行的建立和运行中对规则的制定和执行施加影响。

其次，英国希望借助中国分担为非洲提供安全公共产品的责任，维护英国在非洲的影响力。非洲有18个国家是英联邦成员国，此外，英国也在积极与安哥拉等非英联邦非洲国家开展经贸往来。英国很清楚凭借一国之力无法实现真正的安全，要构筑稳定海外的

---

① "National Security Strategyand Strategic Defence and Security Review 2015", https：//www. gov. uk/government/uploads/system/uploads/attachment_ data/file/478933/52309_ Cm_ 9161_ NSS_ SD_ Review_ web_ only. pdf.

② "A Strong Britain in an Age of Uncertainty：The National Security Strategy", 2010, https：//www. gov. uk/government/uploads/system/uploads/attachment_ data/file/61936/national-security-strategy. pdf.

战略需要"利用所有的外交、发展和国防力量，并且借助外部的能力"。英国还明确提出要"与已有的国际合作伙伴紧密合作，将（安全战略）融入到英国与新兴国家的发展关系中（developing relationships）"。在美、法等传统合作伙伴之外增强与中国、巴西、南非等新兴国家的安全合作，与这些国家发展新的"预防型伙伴关系"[①]。

英国的全球战略伙伴关系主要包括三个层面：一是英国与美国的特殊伙伴关系；二是英国与欧洲国家的关系；三是英国与中国等新兴国家的关系。其中英美关系仍是英国对外战略中最重要的维度，随着英国公投决定脱离欧盟，第三维度的关系对英国变得更加重要。英国将进一步重视和倚重中国等新兴国家，以维持自身的大国地位。寻求与中国在非洲的安全合作，可以视为英国对自身在世界包括非洲的地位的重新定位。

3. 中国开展三方合作中英国的地位

中国对于在非洲与第三方进行安全合作是持开放态度的。中国明确表示"欢迎非洲合作伙伴多元化，呼吁国际社会加大对非投入，愿在非洲需要、非洲同

---

① "Building stability overseas strategy", UK DFID, Foreign and Commonwealth Office and Ministry of Defence, https://www.gov.uk/government/uploads/system/uploads/attachment_data/file/67475/Building-stability-overseas-strategy.pdf.

意、非洲参与的原则基础上与第三方开展对非合作,共同促进非洲和平与发展"①。

如果比较中国在非洲安全合作的潜在合作伙伴,中国对英国的态度更为积极,特别是与法国、美国相比;就较大的全球层次合作来说,英国向崛起的中国靠拢的态势远比任何其他西方大国都要明显和积极。长期以来,英国在发展对华关系方面一直引领着西方大国,开创了多个"第一":英国是第一个承认新中国的西方大国,是率先同中国建立全面战略伙伴关系的欧盟国家,是最早申请加入亚投行的西方大国。在安全合作方面,英国率先与中国开展高级别安全对话与合作,就打击恐怖主义、打击网络犯罪及相关事项、打击有组织犯罪和国际地区安全问题合作四个方面发表对话成果声明。中国对英国提出在非三方合作也更为欢迎,认为将产生示范效应,为中国与其他国家在非洲的三方安全合作提供经验。

(二) 中英在非洲进行安全合作的有利条件与潜在困难

1. 中英开展在非安全合作的有利条件

第一,中英都认同发展是实现安全的关键。中国一

---

① 《关于全面深化中国非盟友好合作的联合声明》,新华网,http://news.xinhuanet.com/world/2014-05/06/c_1110548340.htm。

贯坚持"发展就是最大安全，也是解决地区安全问题的总钥匙"①。在2015年《中国对非洲政策文件》中，中国重申"通过可持续发展来推进可持续安全"②。表明以发展促和平是中国参与非洲安全事务的指导观念。

自2003年伊拉克战争和2011年利比亚战争后，英国的安全政策发生了很大变化，海外军事干预在英国国内面临很大压力。伊拉克战争、阿富汗战争令英国认识到军事手段的局限性。军事打击未必能带来和平与安全，真正有效的安全需要经济、社会等多方面的综合手段。2013年英国国会投票反对向叙利亚派兵③。无论是英国民众，还是英国政府都不愿意再轻易陷入海外冲突。与军事干预相比，如今的英国更倾向以预防冲突作为安全战略的重点。中国通过发展促进安全的途径无疑对英国有着强烈的吸引力。

中英双方都认为发展能够促进持久的和平与安全。英国海外稳定战略认为援助能够发挥重要作用，在减贫的同时解决冲突的上游原因，因此应当为民众提供教育、医疗等基本服务，促进私营部门发展，创造就业岗位。这与中国的发展安全观是趋同的。

---

① 《习近平在亚信峰会上作主旨讲话》，http：//china.org.cn/chinese/2014-06/03/content_32561159_3.htm。

② 2014年，习近平主席在亚信峰会上首次提出。

③ "Syria Crisis: Cameron Loses Commons Vote on Syria Action"，http：//www.bbc.com/news/uk-politics-23892783.

第二，中国正在更积极地参与非洲安全事务。中国在帮助非洲经济发展的同时，也在积极参与非洲的和平与安全建设，"创造性介入"[①]"建设性参与"全球安全事务成为中国外交和安全政策的新动向、新亮点。联合国框架下的非洲维和行动，派遣海军舰艇编队赴亚丁湾、索马里海域实施护航，苏丹和南苏丹和平进程的斡旋，以及中国向非洲派驻警务联络官[②]，都彰显了中国承担大国责任、提供全球安全公共产品的意愿和能力。

2015年9月，习近平主席在联合国大会上宣布将设立为期10年、总额达10亿美元的中国—联合国和平与发展基金，并且中国将加入新的联合国维和能力待命机制，率先组建常备成建制维和警队，建立一支8000人规模的维和常备部队。"中非和平与安全合作计划"提出，中方将向非盟提供6000万美元无偿援助，支持非洲常备军和危机应对快速反应部队建设和运作。中方还将继续参与联合国在非洲的维和行动。支持非洲国家加强国防、反恐、防暴、海关监管、移民管控等方面能力建设。在2015年《中国对非洲政策文件》中，中国明确提出要"积极探索具

[①] 王逸舟：《创造性介入：中国之全球角色的生成》，北京大学出版社2013年版。

[②] 徐伟忠：《中国参与非洲的安全合作及其发展趋势》，《西亚非洲》2010年第11期。

有中国特色的建设性参与解决非洲热点问题的方式和途径，为非洲和平与安全发挥独特的影响力、作出更大的贡献"。

第三，中英在非已有的官方和第二轨道安全合作。中英安全合作尽管还在起步和探索阶段，但已在官方和第二轨道两个层面积累了一些合作经验。在军事领域，中国海军结合舰艇互访等活动，与英国海军举行通信、编队运动、海上补给、直升机互降、对海射击、联合护航、登临检查、联合搜救、潜水等科目的双边或多边海上演练[①]。在官方层面，中英对赴非维和部队进行联合培训。例如英国国际发展部、位于中国河北的廊坊维和警察培训中心与加纳的安南国际维和培训中心开展三方合作，向赴非维和警察提供培训。英国还向廊坊中心提供英语培训和技术支持，为中国参与联合国刚果民主共和国特派团（MONUC）提供培训。此外，中英通过"共享知识，降低冲突"（SHADE）倡议联合参与亚丁湾的反海盗行动。[②]

2016年3月，中英首次联合撤侨室内推演在南京举行，这是中国首次与外国进行此类演练。中英双方

[①] 《中国武装力量的多样化运用》，http：//www.scio.gov.cn/zfbps/gfbps/Document/1435338/1435338_9.htm。

[②] 《21世纪冲突预防：中英对话》，2016年，http：//www.saferworld.org.uk/chinese-resources/chinese-view-resource/1046-conflict-prevention-in-the-21st-century-china-and-the-uk。

26 名代表就撤侨政策、实践经验等 9 个专题开展研讨交流，并以第三国政局动荡、政府军与反对派武装冲突造成大量人员伤亡、针对外国侨民恐袭事件不断发生为背景，进行撤侨沙盘演习，探索未来联合撤侨行动的方式方法。

在第二轨道层面的中英安全合作，最显著的是上海国际问题研究院（SIIS）和英国智库"更安全的世界"（Saferworld）的两项努力，一是中英冲突预防工作组（CPWG）的一系列研讨，二是中英在解决轻小武器（SALW）问题上的探讨。2014 年，"更安全的世界"在英国国际发展部的支持下，组建由中英各 3 位冲突预防专家组成的冲突预防工作组，在两年的时间内共举行数次讨论会和两次高级别的政策研讨会，就中英冲突预防伙伴关系、暴力冲突早期预警与响应、冲突上游预防与可持续发展目标、南苏丹冲突解决等议题展开讨论，以加强中英决策层在预防暴力冲突方面的合作[①]。2013 年 11 月，更安全世界、非洲和平论坛和中国军控和裁军协会在布鲁塞尔共同主办题为"提高能力与合作，解决东非地区非法轻小武器及弹药问题"研讨会，来自中国、欧洲和非洲的常规武器管制领域的官员、专家及非政府组织的代表就消除东非

---

① 项目组（CPWG）在每次会议后发布项目简报，"更安全的世界"，http：//www.saferworld.org.uk/。

倾销武器的主要挑战与中欧非三方合作的可能性进行了探讨。

中英在安全领域已有的合作虽然有限,但越来越多。2015年,习近平主席访英期间,中英两国领导人宣布构建面向21世纪全球全面战略伙伴关系,开启中英关系的"黄金时代"。中英战略伙伴关系的升级意味着,中英关系不仅仅是两个大国之间的关系,更是维护世界和平与安全、改善全球安全治理的关键。

2. 中英开展在非安全合作的潜在困难

第一,发展政策安全化。英国发展政策安全化的趋势自2010年起开始显现。21世纪的第一个10年,英国国际发展部在英国享有极大的主导权,英国对非政策也主要由其主导。当时,英国对非政策的主要目标是促进非洲的减贫和发展。但自2010年英国保守党和自由民主党组成的联合政府上台后,英国对非政策即发生如下变化:在对非政策上,英国国际发展部不再占据领导地位,而是由外交和联邦事务部取而代之;英国政府在对非政策中更多地强调英国本国的利益,尤其是对非贸易;英国的对外援助资金开始向安全事务倾斜。2014年英国成为第一个实现官方发展援助(ODA)占国民收入比例0.7%的经合组织国家,其高达30%的官方援助用于支持脆弱国家和受冲突影响国家。此外，英国还设有由外交和联邦事务部、国际发展部和国防部共同管理的冲突资金池（conflict pool），在开支审查期间（spending review period）这个资金池的总量将升至11.25亿英镑[①]。

对英国自身的安全战略来说，安全与发展一体化使得英国意识到安全是需要综合、统筹管理的事务，增进了发展政策和安全政策及其实施部门的协调。近年来，英国安全战略都由英国国际发展部、英国外交和联邦事务部和国防部共同制定发布。但过度强调安全会造成政策优先性和资源的转移，使得本已拮据的用于非洲发展的援助资金进一步缩水，最终加剧冲突发生的可能性。

中国需要注意的是，随着联合国可持续发展目标（SDGs）在2015年秋天正式启动，英国的发展政策安全化趋势通过嵌入联合国可持续发展目标而得到合法性，并试图在发展伙伴关系框架下与中国进行在非安全合作。通过可持续发展目标的第16项目标（SDG16），英国等西方国家成功地将兜售多年的"发展—安全纽带"合法化地嵌入联合国的议程中，发展

---

① "Building Stability Overseas Strategy", UK DFID, Foreign and Commonwealth Office and Ministry of Defence, https://www.gov.uk/government/uploads/system/uploads/attachment_data/file/67475/Building-stability-overseas-strategy.pdf.

政策安全化的趋势进一步增强①。

英国试图通过 SDG16 与中国在发展伙伴关系下进行安全合作的路径会加大合作的难度。英国认为与中国的发展伙伴关系已经步入成熟期，冲突预防属于发展关系的一部分，在中英双边发展伙伴关系下与中国进一步深化安全合作是顺理成章的。在英国国际发展部和中国商务部达成的中英发展伙伴关系文件中，预防冲突被列作中英发展伙伴关系的合作领域之一②。英国智库"更安全的世界"认为，新中英发展伙伴关系应包括安全合作关系，中英在非安全合作应在"新发展伙伴关系"的框架下进行③。但这与中国理解的中英"新发展伙伴关系"的含义是有差距的。

可持续发展目标的第 16 项目标表面上标志着和平安全与发展的深度融合，但实质上并未消释中英两国

---

① 在联合国可持续发展目标（SDGs）中，和平是五大关键领域（5P）之一（5P 中的其余四个是人民、地球、繁荣和伙伴关系），第 16 项目标（SDG16）通过"促进有利于可持续发展的和平与包容的社会，为所有人提供公正的机会，在各个层次建立有效、负责和包容性的机构"，深度融合了和平与发展目标。

② 其他合作领域包括医疗、气候变化、水、农业和粮食安全、自然资源管理、贸易、企业社会责任、教育等。参见"Memorandum of Understanding for a Partnership to Enhanced Development Cooperation and Achievement of the MDG Goals", https：//www. gov. uk/government/uploads/system/uploads/attachment _ data/file/197473/China-UK-MOU-Signed-Version. pdf。

③ 根据 2015 年 12 月 15 日英国智库"更安全的世界"与中国社会科学院西亚非洲研究所的会谈整理。

在和平与发展问题上的根本分歧。过去中国认为没有发展就没有和平，而西方则认为没有和平就没有发展，SDG16意味着双方已逐渐达成共识，即和平与发展是一枚硬币的两面。但本质上，英国等西方国家仍然坚信民主和"良治"是实现和平与发展的唯一出路，并会在今后对非洲的政治和发展治理以及民主价值观的进一步塑造方面施加更大影响。联合国可持续发展目标约束所有的发达国家和发展中国家，但联合国可持续发展目标仍然无法摆脱西方控制的轨道，发展中国家只是被动参与了制定过程①。在可持续发展目标下，西方推行民主、"良治"的条件变得更加隐蔽。因此，在应对英国通过发展合作伙伴关系提出的安全合作时，我们须积极稳妥地应对。

第二，非洲国家的立场。和平与安全是非洲最迫切的愿望。在非洲独立50周年宣言中，和平与安全被列为八大优先领域之一②。在非洲制定的"2063年愿景"中，和平与安全是第四个愿景。按照愿景的规划，到2063年，消除所有的国家间和国家内部战争，通过

---

① 李小云：《2015后发展议程及可持续发展议程分析》，《东方早报》2015年10月20日。
② 其他优先领域包括：非洲的认同和复兴、反对殖民主义和争取民主自决权、一体化、社会和经济的发展、民主治理、决定非洲的命运、非洲在世界上的地位。

建立机制预防和快速解决任何社区之间的冲突、有组织犯罪和恐怖主义。种族、宗教、经济、文化等方面的多样性应成为非洲财富和经济增长的源泉，而不再是冲突的源头①。

同时，非洲在安全事务中的自主性进一步增强。"到2063年，非洲将成为国际事务与和平共处的重要伙伴。自身对促进增长和转型承担全部责任，不再依赖于援助国。""非洲将自主决定未来，引导自己的议程，在与外部伙伴发展有效伙伴关系时发挥领导作用。"②

三方安全合作不应损害非洲国家视中国为平等伙伴的印象。中非合作是在南南合作框架下进行的，强调平等互利，而英非合作则是传统的南北合作。由于中国在非洲没有殖民主义的负担，且中非友谊源远流长，非洲伙伴认为中国在非洲的地位是"非常独特，也是非常幸运的"。③

三方合作应坚持非洲的自主权，照顾到非洲的疑虑和关切。非洲对中英安全合作可能产生的疑虑有两点：首先，非洲担心中国不会改变游戏规则，而仅仅

---

① 非洲"2063年愿景"文件，http://agenda2063.au.int/。
② 同上。
③ 2016年3月1月，应邀访华的南苏丹民间组织代表团的成员们在与中国社会科学院西亚非洲研究所交流时也强调了这一点。

是加入霸权俱乐部,并不会为非洲国家提供真正的可替代选择。① 对于非洲的疑虑要充分理解并努力消解,让非洲意识到三方合作是对非洲有利的,应坚持"非洲需求,非洲同意,非洲参与"② 的原则。其次,非洲可能误会中英在非洲安全事务上的合作会干涉非洲的内政。讨论非洲的安全事务,不能离开非洲国家自身的参与。西方国家在讨论非洲议题时,常常撇开非洲国家,缺乏对非洲声音的倾听,这是中国需要避免的。三方安全合作一定要从三方对话开始,重视非洲自身的视角。只有非洲充分地参与中英之间的对话,才能够解除怀疑,增进信任。

非洲国家对中国建设性参与非洲和安全事务有何种期待,对中英涉非安全合作的态度仍需要扎实的调研。不同非洲国家对中英非三方安全合作的态度也不相同,中英在非洲的安全合作可从信任程度较高的非洲国家开始试点,在建立更多三方互信后,再逐步扩展合作的国家。

第三,中英两国自身的限度。中国自身意愿、知

---

① Henning Melber, 2013, "Europe and China in Africa: Common Interests and/or Different Approaches?", Asia Paper of Sweden Institute for Security & Development Policy, http://isdp.eu/content/uploads/publications/2013-melber-europe-and-china-in-africa.pdf.

② 张春:《试析中美在非洲的竞合关系》,《教学与研究》2012 年第 6 期。

识和能力的限度限制了中英在非安全合作。其一，中国与英国在非洲进行安全合作的意愿处于逐步增强，但相对优先级仍偏低的状态。尽管中国在非洲有着巨大的经济利益和海外公民保护责任，但在中国的外部安全挑战排序中，周边安全和中美大国关系是排在海外利益保护、国际责任等挑战之前的。对此，中英双方都要有清醒的认识，非洲的安全问题并非中国安全议程的优先项，中国深入参与非洲安全事务的态势在上升，但非洲在中国总体安全战略中仍处于相对边缘的状态。

其二，要认识到中国对非洲安全形势施加影响力的"知识限度"和"能力限度"①。中国具有跨学科知识体系、国际化视野的安全专家和储备人才严重不足。无论在研究或实践领域，我们对非洲的国别研究仍不够，中国对非洲各个冲突国家的历史、宗教、民族、文化问题的了解十分有限，这导致中国的冲突预防和管理的总体能力是有限的。

此外，三方安全合作需要中国的政治理念有所突破，尤其是"不干涉内政"原则在非洲实践中的创新性、建设性运用。因此，目前中国在应对英国

---

① "限度"概念参见时殷弘教授提出的"知识限度、影响力限度和战略策略的精明限度"，参见时殷弘《关于中国对外战略优化和战略审慎问题的思考》，《太平洋学报》2015年第7期。

及其他西方国家提出的三方安全合作时,不可盲目激进,贸然介入或过深地陷入非洲安全事务和热点问题。

同时,英国自身也存在着过度关注本国利益、缺乏担当全球领导意愿的局限性。英国外交和联邦事务部的预算比 2010 年削减了 20%,未来可能继续减少 25%—40%;英国的军队人数也将从 2010 年的 102000 人削减到 82000 人[①]。开启脱欧程序的英国在短期内将花费大量人力、物力和财力去处理相关协议,这会进一步导致英国探索在非安全合作的动力不足。

(三) 中英在非安全合作的未来展望

未来中英在非洲的安全合作大致可以从三个层次推进:一是战略对接,即英国海外稳定战略与中非和平安全合作的对接;二是三方合作机制的建设;三是具体政策领域的合作。

1. 推动中国的非洲和平与安全合作计划与英国海外稳定战略的对接

在英国的海外稳定战略中,冲突管理的三大支柱

---

① Anand Menon, 2015, "Littler England: The United Kingdom's retreat from global leadership", *Foreign Affairs*, November/December, p. 94.

包括冲突预警、冲突快速预防和应对及冲突上游管理。中英战略对接应以冲突上游管理作为重点领域，在目前分歧较多的冲突预警和冲突快速预防和应对领域则以政策对话为主。

中英在冲突预警和冲突快速预防和应对领域的战略对接仍是难点。在中非和平与安全合作计划中基本没有涉及冲突预警（见表2），因为在危机爆发前参与早期预警和响应系统可能会令中国被指责干涉内政。英国和平建设领域的安全化会加大中英两国寻找开展合作共同立场的难度，而"早期预警合作要求情报共享"这一长期的错误假设也让双方对合作失去兴趣[①]。在冲突快速预防和应对方面，英国提出建立早期行动设施（Early Action Facility），在"冲突池"中每年设立2000万欧元专项资金用于更为灵活的早期行动，资金来源于官方援助和非官方援助。与英国直接参与早期行动不同，中国支持非洲国家通过非洲方式解决非洲问题。中非和平与安全合作计划承诺（3年内）向非盟提供6000万美元无偿援助，支持非洲常备军和危机应对快速反应部队建设和运作。

---

① "Early Warning and Response to Violent Conflict: Time for a Rethink?", http://www.saferworld.org.uk/resources/view-resource/1009-early-warning-and-response-to-violent-conflict-time-for-a-rethink.

表 2　　　中国的非洲和平与安全合作计划（2015 年）
　　　　　和英国的海外稳定战略（2011 年）

	中国的非洲和平与安全合作计划	英国的海外稳定战略
冲突预警		·建立预警体系； ·通过内阁、外交和联邦事务部、国防部和外部专家等各种渠道的信息，每 6 个月总结一次冲突预警报告； ·在报告基础上产生新的脆弱国家观察名单
冲突快速预防和应对	中方参与联合国在非洲的维和行动；中方将向非盟提供 6000 万美元无偿援助，支持非洲常备军和危机应对快速反应部队建设和运作	·建立早期行动设施（Early Action Facility），在冲突池中每年设立 2000 万欧元专项资金用于早期行动； ·建立由军事、警察和民事官员组成的稳定反应小组（SRTs）
冲突上游管理	支持非洲国家加强国防、反恐、防暴、海关监管、移民管控等方面能力建设	·建立整合外交、发展、国防项目的综合战略，引入跨政府部门的风险评估； ·增加用于稳定的发展援助； ·建立冲突池，帮助所在国建立自由、透明、包容的政治制度及有效、负责的安全和司法机构，增强公民社会、地区和多边机构的能力，增强其自身管理冲突的能力，降低冲突发生的可能性； ·与冲突国家政府之外的行为者建立伙伴关系，例如地方政府、社区、私人部门、宗教团体、公民社会和媒体； ·支持妇女发挥作用； ·支持负责任的私人部门，通过就业和收入增长促进长期和平与稳定； ·整治腐败； ·防务参与（defence engagement）； ·适宜的区域性解决方法

资料来源：笔者整理。

中英双方的冲突预警和应对战略虽然不同，但形成优势互补，未来应加强政策对话，引导英国投入更多的资源支持非洲国家、非洲联盟和区域经济体自主解决地区冲突。中英可共同支持非洲常备军和危机应对快速反应部队建设；加强在马里和南苏丹维和行动的协调工作；向非洲友好国家分享军事技术，提供现代化军事装备；联合培训非洲当地的军队和警察，帮助非洲国家增强自身的安保力量。中英联合向非洲派遣专家，或者邀请非洲国家的军人和警察去中国或英国接受培训。

　　冲突上游管理应成为中非和平与安全合作计划与英国海外稳定战略的对接重点，帮助非洲从根源上解决冲突，促进中英安全合作走向纵深。尽管中国在吉布提建立了海外军事保障设施，但中国在非洲大部分冲突地区并没有军事力量存在。在短期内，中国的安保公司也难以达到西方公司保护海外利益的能力。因此，中英双方在安全领域的合作应主要聚焦于从上游解决冲突，即通过经济发展解决冲突的根源。英国的冲突上游管理主要指帮助"脆弱国家"建立强有力的合法机构和强大的公民社会，增强其自身管理冲突的能力，降低冲突发生的可能性，仍然是西方传统的以"良治"促和平的路径。中国在与英国海外稳定战略对接时应引导英国致力于用经济、贸易、投资、就业等手段解决冲突的结构性因素。

2. 建立多层次的中英在非安全合作机制

建立中英非安全对话机制，为加强非洲地区安全问题合作搭建交流与合作平台。促进新建立的中英高级别安全对话的机制化建设，并设置以非洲安全为主题的中英高级别对话，邀请非洲联盟、东非政府间发展组织等非洲地区组织及非洲国家参与安全对话。

增强第二轨道的安全对话，促进学术机构、商业公司、非政府组织等非政府力量在安全领域的合作。中国外交部在《落实2030年可持续发展议程中方立场文件》中提出要"应进一步加强南南合作，稳妥开展三方合作，鼓励私营部门、民间社会、慈善团体等利益攸关方发挥更大作用"[①]。具体的合作建议包括以下三个方面。

第一，利用"中非联合研究交流计划"的资金，资助中英非三方学者组成的联合小组，研究非洲对中英在非洲进行合作的态度及期待，探讨三方安全合作的可能领域。

第二，通过与英国驻非企业的对话，探讨如何促使中资企业从被动的被保护对象成为安全利益相关者。

---

① 中华人民共和国外交部：《落实2030年可持续发展议程中方立场文件》，http://infogate.fmprc.gov.cn/web/wjbxw_673019/t1356278.shtml。

过去，中国主要依赖当地政府的安保系统来保护海外利益，但多年"走出去"的经验和教训让中国企业和公民认识到，获得社会认可是企业在当地可持续经营的关键。中资企业在缅甸的失败在中国媒体、学界引起了强烈的反思①。中国企业逐渐意识到与当地社区的交往有助于为经营发展营造良好的安全环境。2016年3月，中国石油天然气集团公司积极促成英国智库"更安全的世界"组织的南苏丹民间社会代表团访华，开启了中资企业与非洲民间社会合作的篇章，同时这也是一个中英非三方合作的有益探索。

邀请英国驻非企业介绍他们在当地本土化的经验，为中资企业和中国公民融入当地社会，与媒体建立良好关系提供建议。英国的安全专家可为中国驻非企业和公民提供培训，提高其冲突敏感性。中国投资者需要认识到发展项目自身也可能会因宗教、文化、环境等因素引发冲突。

第三，通过对话，探讨如何构建政府、企业、民间组织和海外公民一体化的中国在非安全网络。英国的"稳定部队"（The stabilization Unit）可以为中国提

---

① 高美：《密松之痛——中资企业在缅甸赢取认可的艰难故事》，http://www.21ccom.net/html/2016/zlwj_0112/666.html；高美：《英国前驻缅甸大使：跨国企业需要获得社会认可》；殷储：《中国企业社会责任调查：在缅甸，中国汉子流泪了》，http://pit.ifeng.com/dacankao/chinainburma/1.shtml?from=timeline&isappinstalled=0。

供参考。稳定部队可以代表英国政府对冲突或预冲突做出反应，除了来自政府、警察和军队的组成人员，其另设一个民事稳定小组，由来自公共部门和私营部门的1000多名民事安全专家组成[①]。

3. 具体政策

中英在非洲的合作应主要集中于发展领域，重点消除冲突的贫困根源。在坚持发展安全观的基础上，中国和英国应立足于非洲的现实和需要，重点提升非洲的能力建设，支持非洲解决方案，在如下领域展开务实合作。

加强基础设施领域的合作。半个多世纪以来，仅仅在基础设施建设方面，中国已帮助非洲建设了5675公里铁路、4506公里公路、12个机场、18座桥梁、12个港口以及200所学校[②]。基础设施建设不仅促进了非洲自身的经济社会发展，也为包括英国在内的其他国际伙伴对非合作创造了良好的环境。未来中英可通过亚洲基础设施投资银行等多边开发银行继续加大对非基础设施建设的合作。

加强与非经贸合作，扩大对非投资，促进青年就

[①] https://www.gov.uk/government/organisations/stabilisation-unit.
[②] 中国外交部非洲司林松添司长在第二届"对非投资论坛"联席筹备会开幕式上的致辞。

业，通过减少贫困消灭恐怖主义滋生的土壤。中国与英国可以设立合资公司的形式在非洲投资，帮助非洲发展经济。2015年10月，习近平主席访英期间，中非发展基金与英国国际发展部签署了《关于促进非洲投资和出口合作备忘录》，正式启动"非洲投资与增长的合作伙伴"（PIGA）项目。埃塞俄比亚、肯尼亚、莫桑比克和赞比亚四国是中英在非洲进行产能合作的试点国家。中英可在PIGA的框架下，发挥各自的优势，促进非洲中小企业融入制造业和农产品加工业的国际产业链，为非洲广大的青壮年劳动力创造就业机会。

发挥中英双方在对非经济交往领域的比较优势。中国企业的优势在于工程承包项目的建设，架桥铺路，建造工业园区和工厂，而英国的强项在于派遣发展专业人士、提供政策建议，以改善法治和营商环境，提高非洲国家对外来投资的吸引力。中英在投资和产能合作领域的合作有利于优势互补，推进非洲的工业化进程和减贫，增加非洲的出口，为可持续发展创造持久和平的环境。

此外，加强中英在粮食安全、医疗卫生（例如联合抗击埃博拉病毒）、气候变化等非传统安全领域的合作。

尽管中英双方的安全理念仍有分歧，对安全与发展关系的认知存在差异，但非洲的冲突和战乱对中英在非洲的利益构成了共同的威胁，因此两国在维护非洲和平与安全方面仍可有所作为，中英在非洲构建政府、军队、企业等多层次的安全合作体系有助于中英战略关系的深化。中国在回应英国提出的在非安全合作请求时，应坚持发展中国家的属性，对非洲安全事务承担与英国"共同但有区别的责任"；坚持积极而审慎的态度，从有限的国家和有限的领域开始，即选择互信程度较高的非洲国家进行试点，从医疗、健康等不太敏感的发展领域开始逐步深化合作。

六 中国、德国、埃塞俄比亚在职业教育领域三方合作的可行性研究[*]

职业教育是非洲区域层面和埃塞俄比亚国家层面确立的发展重点,也是中国、德国与埃塞俄比亚各自开展的国际发展合作的重点之一,是关系到埃塞俄比亚青年发展、解决青年就业、推动工业化、实现政治稳定的关键。此节通过对埃塞俄比亚联邦职业教育学院(简称埃塞俄比亚联邦职教学院)、德国职教援助相关机构、中国企业的调研,分析了职业教育在非洲和国际发展合作领域的复兴;分析了德国作为北方援助国在埃塞俄比亚开展职教援助的动机、德国的职业教育援助管理体系和特点;分析了中国作为南方伙伴国在埃塞俄比亚开展的以国家为主导的职教合作模式

---

[*] 本报告基于笔者2018年年初在埃塞俄比亚的实地调研,访谈机构包括德国国际合作公司、德国复兴开发银行、德国驻埃塞俄比亚大使馆、埃塞联邦职教学院和埃塞俄比亚的多家中资企业,部分内容原载于周瑾艳《中、德在埃塞俄比亚职业教育领域开展三方合作的新机遇》,《德国研究》2018年第4期。

和以企业为主导、市场需求为导向的职教合作新趋势；比较了中德两国各自的优势和不足，分析了如何弥合埃塞俄比亚国家主导的职教学校模式和劳动力市场之间的鸿沟，分析了中国、德国和埃塞俄比亚在职教领域开展三方合作的必要性和可行性。

国际合作体系正在发生深刻变革，援助主体正从美、欧等传统援助国扩大到新兴经济体等多元主体，国际合作的主要形式正由以北方援助南方为主、南南合作为补充，转变为南南合作与南北合作并驾齐驱。技术培训和职业教育是国际发展合作的重要领域之一，埃塞俄比亚与其职业教育领域的两大主要国际合作伙伴——中国和德国的合作展示了南北合作、南南合作各自不可替代的优势及正在形成中的分工互补的国际发展格局，这为中国、德国和埃塞俄比亚的三方合作创设了可能性。

（一）职业教育在非洲的复兴

进入 21 世纪以来，职业教育[①]的重要性在国际发

[①] 关于职业教育的称谓，曾有不同术语，如职业教育、职业教育和培训（VET）、技术教育等。目前联合国教科文组织、非洲联盟以及埃塞俄比亚政府的文件中均使用"技术和职业教育培训"（Technical and Vocational Education and Training, TVET）的概念，中国则习惯简称为"职业教育"。因此本报告一般使用"技术和职业教育培训"或"职业教育""职教"的简称。

展的争论中逐渐占据上风，国际发展合作伙伴、非盟和非洲国家重新意识到职业教育的重要性，并制定了相应的战略规划，将青年的技术和职业教育培训作为国家发展战略的优先事项。

1. 职业教育重回国际发展合作的舞台

20世纪五六十年代，世界银行等多边机构开始进入发展中国家的教育援助领域，当时教科文组织设定的重点是基础教育、母语教学和成人扫盲，而世界银行则主要支持职业教育。到了70年代初，世界银行对发展中国家教育的关注继续增强，但重点已从职业教育转向初等教育和非正规教育。① 在此后数十年，世界银行为发展中国家教育政策开具的药方是政府应优先发展基础教育，减少对职业教育与技术培训的投入。② 该主张认为，职业教育应由个人、企业和私营部门来承担，政府的介入应保持最小化。其背后的逻辑是以需求为导向的培训体系优于以供给为导向的体系。因

---

① D. Brent Edwards Jr., Inga Storen, 1998, "The World Bank and Educational Assistance", Oxford Research Encyclopedia of Education, http://education.oxfordre.com/view/10.1093/acrefore/9780190264093.001.0001/acrefore-9780190264093-e-43.

② Paul Bennell, Jan Segerstrom, 1998, "Vocational Education and Training in Developing Countries: Has the World Bank Got It Right?", *International Journal of Educational Development*, 18 (4), pp. 271–287, here p. 271.

此，从20世纪80年代初到90年代中期，世界银行对发展中国家职业教育的援助大幅度下降。由于西方援助机构在如何通过援助促进受援国发展的问题上基本追随世界银行的模式，因此整个西方对职业培训的援助投入都减少了。

进入21世纪以来，职业教育又重新受到双边援助机构、世界银行和联合国教科文组织的广泛重视。职业教育重回国际发展合作舞台的主要原因包括：第一，职教是促进非洲青年就业、推动社会包容性发展的重要途径。由于婴儿死亡率的降低和医疗卫生条件的提高，非洲青年人口正在迅速增长，预计到2050年将达到8.3亿。[①] 每年有1000万—1200万非洲青年人口进入劳动力市场，但非洲只能提供300万个正式工作岗位。即使获得工作机会，大部分非洲青年往往不具备所需的技能。[②] 非洲失业人口的60%为青年，青年失业率成为重大的经济和社会问题，并日益成为引发政治危机的导火索。职业教育被视为提高青年就业率的重要途径。第二，职业教育是实现非洲工业化的助推

[①] "Jobs for Youth in Africa: Strategy for Creating 25 Million Jobsand Equipping 50 Million Youth 2016 – 2025", African Development Bank, https://www.afdb.org/fileadmin/uploads/afdb/Documents/Boards-Documents/Bank_ Group_ Strategy_ for_ Jobs_ for_ Youth_ in_ Africa_ 2016-2025_ Rev_ 2. pdf.

[②] "Jobs for Youth in Africa: Strategy for Creating 25 Million Jobs and Equipping 50 Million Youth 2016 – 2025", AFDB.

器。非洲国家意识到职业教育在韩国、新加坡、越南等国家快速工业化和经济增长中所起的重要作用[①]，希望也能通过职教实现技术进步，承接中国等东亚国家的产业转移，实现工业化。第三，职业教育是实现经济增长和可持续发展目标等宏大愿景的关键。联合国《2030年可持续发展议程》中的多个目标与职业教育有关，G20峰会也对职教相关议题高度关注。职业教育能够为个人提供实用技能，直接提高生产力，促进经济增长，从而解决发展的难题。

2016年，联合国教科文组织发布《职业技术教育与培训战略（2016—2021年）》（*UNESCO Strategy for TVET 2016—2021*），该战略基于《2030年可持续发展议程》《仁川宣言：2030年教育》以及2012年在上海第三届国际职业教育大会上通过的《上海共识》等一系列重要文件，提出了2016—2021年全球TVET发展的主要目标和优先行动领域。

2. 非盟的职业教育战略

作为全球人口结构最年轻的大陆，非洲拥有巨大的人口潜力，如何将其转化为未来发展源源不断的动

---

① Birger Fredriksen, Tan Jee Peng, "An African Exploration of theEast Asian Education Experience", file：///D:/Downloads/African_ exploration_ of_ East_ Asian_ Education_ Experience. pdf.

力，成为非洲发展的关键。早在1965年，社会学家菲利普·福斯特就基于对加纳的观察指出"职业教育在发展规划中的谬误"，认为职业教育培训如果从正规教育体系中剥离出来会更有效。① 此后，关于应集中精力抓基础教育还是投资职业培训的问题一直困扰着非洲，这与世界银行等西方援助机构的导向也密切相关。

2007年，非洲联盟制定了"重振非洲技术和职业教育培训"的战略。② 非盟认为非洲国家应重新意识到职业教育对国家发展的重要性，在非洲重振职业教育，使之成为促进非洲青年发展的新动能。非洲开发银行制定就业战略，提出到2025年创造2500万个就业岗位，为至少5000万名青年提供培训机会。③ 2014年6月，在非洲联盟马拉博首脑会议上通过了《非洲大陆技术和职业教育培训战略》。④ 战略认为需要改变对职业教育的偏见，重塑职教的形象，职教不应被当

---

① Philip Foster, "The Vocational School Fallacy in Development Planning", in Arnold Arnold Anderson, Mary Jean Bowman (eds.), *Education and Economic Development*, Chicago: Aldine, 1965, pp. 142 – 166, here p. 154.

② "Strategy to Revitalize Technical and Vocational Education and Training (TVET) in Africa", 2007, Ethiopia: African Union.

③ "Jobs for Youth in Africa: Strategy for Creating 25 Million Jobs and Equipping 50 Million Youth 2016 – 2025", AFDB.

④ "Continental Strategy for TVET to Foster Youth Employment", https://www.africa-youth.org/programmes/technical-vocational-education-training-tvet/.

作是其他选项失败后的人生选择；重新建立和调整职业教育体系；确保培训与劳动力市场需求之间的有效对接。

2017年，非盟将投资青年设定为当年峰会的主题，并制定"通过投资青年实现人口红利的路线图"①，希望通过加大对非洲青年的投资来推动非盟《2063年议程》。路线图中设定的目标之一是到2024年将青年失业率降低到2013年的一半。其举措包括：改善青年的融资渠道；扩大青年实习、师徒制学习和"干中学"的培训机会；通过企业社会责任（CSR）促进青年创业；推动非洲慈善机构、企业负责人和私营部门帮助非洲青年提高创业技能；创设国家层面、次区域层面和非洲区域层面的青年发展基金；增强技术和职业教育培训，提高青年的就业和自主创业机会。②

3. 埃塞俄比亚的职业教育战略

2008年，埃塞俄比亚发布了国家层面的职业教育新战略（取代了2002年的战略），倡导建立全面综合

---

① "Roadmap on Harnessing the Demographic Dividend through Investments in Youth", African Union, http://wcaro.unfpa.org/sites/default/files/pub-pdf/AU% 202017% 20DD% 20ROADMAP% 20Final% 20-% 20EN.pdf.

② "Roadmap on Harnessing the Demographic Dividend through Investments in Youth", African Union.

的职教体系。① 该战略反映了近年来职教注重培训质量的范式变化。埃塞俄比亚职教的目标是培养能干、自立的公民，为国家的整体社会经济发展做出贡献，从而改善整个埃塞俄比亚的民生水平，并为减贫提供持久动力。埃塞俄比亚政府对职教的重视主要为了满足工业化的需要和促进青年人口就业。

首先，作为全世界经济增长最快的国家之一，埃塞俄比亚的国内生产总值在过去十余年保持了平均10.8%的高速增长。埃塞俄比亚的经济从以农业为主走向工业化，急需培养技术人才，以满足不同经济部门的劳工需求。埃塞俄比亚制定的工业化战略确立了农业先导原则、出口导向原则、劳动力密集型产业优先原则、吸引外资原则，并将工业园区和农工业综合园区的建设作为工业化抓手，这些举措无不需要国内人力资本的提高。

其次，作为非洲仅次于尼日利亚的第二人口大国，埃塞俄比亚的人口结构以青年为主，一方面，这为埃塞俄比亚带来低成本的劳动力和人口红利，另一方面，青年失业率成为冲击社会稳定的重要因素。埃塞俄比亚的人口总数约为1.04亿人，其中41%的人口年龄在

---

① "National Technical & Vocational Education & Training (TVET) Strategy", Ethiopian Ministry of Education, 2008, http://info.moe.gov.et/tv/engstr.pdf.

15岁以下，超过28%的人口年龄为15—29岁，青年失业率高达27%。埃塞俄比亚信息部长内格利·连寇（Negeri Lencho）在接受外媒采访时曾明确表示"2015年年底到2016年席卷埃塞俄比亚的反政府抗议是年轻人失业造成的"①。

从以农业为基础到走上工业化之路，埃塞俄比亚急需具备中级技能的青年人，职教为年轻人提供技能、创造就业和减少贫困开辟了道路。人力资本的技能提升将有助于埃塞俄比亚吸引更多的投资，促进经济增长。

（二）埃塞俄比亚职业教育的南北合作：德国作为援助国

目前关于埃塞俄比亚职业教育方面的研究主要集中在埃塞俄比亚职教现状及特点，埃塞俄比亚职教课程设置与师资问题，埃塞俄比亚职教发展所面临的问题、机遇和挑战等议题。②本报告的重点不是关注埃塞职教发展本身，而是从发展合作的视角探讨德国作为

---

① "Unemployed Youth behind Ethiopia's Anti-govt Protests-Info Minister", http://www.africanews.com/2017/11/01/ethiopia-anti-govt-protests-is-a-youth-unemployment-issue-information-minister//.

② 章剑坡：《埃革阵执政以来埃塞俄比亚职业教育》，硕士学位论文，浙江师范大学，2016年。

北方合作伙伴国、中国作为南南合作伙伴国在埃塞俄比亚职教中各自的模式、效果和影响，以此管窥南南合作与南北合作各自的优势和不足，并进一步探讨三方合作作为连接南南合作与南北合作的路径与方法在埃塞俄比亚职业教育中的可行性。

埃塞俄比亚是国际发展合作的必争之地，聚集了英国国际发展部、美国援助署、德国国际合作机构、日本国际协力机构等数十家双多边援助机构。埃塞俄比亚政府有着实现超越式经济发展的强烈政治意愿，并且由于没有被殖民的历史印记，埃塞俄比亚在选择合作伙伴时更加独立自主。在埃塞俄比亚职教领域的国际合作伙伴，无论是德国系的欧洲职教强国，还是中国等南方国家，都是埃塞自主借鉴和选择的。

1. 德国援助埃塞俄比亚职业教育的动机

埃塞俄比亚的职业教育体系主要借鉴了德国的模式。与埃塞俄比亚在制定工业园规划时参照中国、新加坡、尼日利亚等多国模式不同，埃塞俄比亚的职业教育体系设计几乎复制了德国模式。德国职教模式的核心是"双元制"教育，即企业培训和学校教育相结合的现代职业教育制度，学生70%的时间在企业实践，30%的时间在学校学习。职业教育合作自20世纪50年代以来就成为德国发展援助政策的重要组成部分。① 近年来，双元制职业教育由于在解决青年就业方面的成功再次引起国际的广泛关注，德国职教模式作为德国教育的"出口产品"供不应求。自2010年以来，职教在德国发展政策中的地位稳步提升，成为德国发展合作的重点领域。2010—2015年，德国联邦经济合作与发展部（BMZ）对职教国际合作的承诺翻了一番（从5600万欧元变为1.2亿欧元），因此德国也成为世界上最大的职教双边援助国。② 1991年，德国开始参与埃塞俄比亚大学和职教学校的改革。职业教育是德国经济合作与发展部确立的对埃塞俄比亚援助的三大重点领域之一，另外两个援助领域是可持续土地管理、农业和粮食供应，以及生物多样性。

德国参与职业教育国际合作有多种动机，包括在世界范围内减少贫困，促进世界经济稳定，确保德国企业在国外能够招聘到合格的雇员，减少因寻求工作前往德国的移民，以及学习其他国家职教体系的创新等。③ 具体到埃塞俄比亚，由于德国在埃塞俄比亚的企业极少，企业驱动的利己因素偏弱。

---

① Markus Linten, Sabine Pruestel, "Internationale Zusammenarbeit und Transfer in der Berufsbildung", https：//www.bibb.de/dokumente/pdf/a1bud_auswahlbibliografie-internationale-zusammenarbeit.pdf.

② "Berufsbildungsbericht 2017", BMBF, https：//www.bmbf.de/pub/Berufsbildungsbericht_2017.pdf, p.131.

③ Ibid..

德国支持埃塞职教的动机主要有三方面：第一，助力德国职业教育在非洲的品牌塑造。德国的职教模式输出过去主要面向欧洲和亚洲，非洲则是最近10年来的新领地。在欧洲，欧盟委员会在其"反思教育"战略文件中明确指出，"以就业为导向的学习，如双元制，应成为欧洲职业教育和培训系统的核心支柱，以达到减少青年失业率的目标"[①]。欧盟还发起成立了欧洲学徒联盟，旨在通过在企业和教育部门利益攸关方之间建立强有力的伙伴关系，提高欧盟学徒的整体素质，帮助解决青年失业问题。德国模式在欧洲和中国等亚洲国家的认可度提升了德国在全球范围出口职教双元制模式的信心。此外，由于德国并不像英国、法国等在非洲有传统势力范围，因此德国职教非常适合在非洲塑造自己的品牌和全球形象，从而成为德国与非洲合作的重要抓手。

第二，促进非洲青年就业，减少涌入欧洲的难民。德国在欧洲推行职教合作是为了促进欧洲劳动力市场的流动，在非洲则主要是为了减少涌入欧洲的非洲青年移民。难民问题已成为德国在非洲的外交重点。从

---

① "Rethinking Education: Investing in Skills for Better Socio-economic outcomes", Communication from the Commission to the European Parliament, The Council, The European Economic and Social Committee and the Committee of the Regions, https://eur-lex.europa.eu/legal-content/EN/TXT/?uri=CELEX:52012DC0669.

地缘战略来说，埃塞俄比亚与厄立特里亚、索马里、苏丹相邻，是维护东非安全与稳定的关键国家。埃塞俄比亚邻国厄立特里亚是德国境内难民庇护申请的十大来源国之一，仅 2015 年，德国境内的厄立特里亚难民申请人数就超过 1 万人，占总申请人数的 24.4%。[①] 2016 年，德国联邦总理默克尔访问埃塞俄比亚等非洲三国，重点关注非洲安全和移民问题。据联合国难民机构统计，埃塞俄比亚收容了 70 万名难民，是非洲最大的难民收容国和中转国。在埃塞俄比亚推广双元制职业教育体系，有助于增强埃塞俄比亚的能力建设，促进埃塞俄比亚及其邻国的青年就业。埃塞俄比亚职教如能成功借鉴德国模式，将在东非乃至整个非洲起到示范作用。

第三，帮助埃塞俄比亚减贫和实现联合国《2030 可持续发展议程》目标。自 2014 年以来，德国对自身的外交定位发生较大转变，除了领导欧洲，开始更积极地承担国际责任，参与全球治理。德国将职业教育视作促进埃塞俄比亚减贫和实现联合国可持续发展目标的重要途径。

2. 德国对埃塞俄比亚职业教育援助的管理体系

德国的职业教育国际合作涉及德国的教育、经济、

[①] 周瑾艳：《德国与非洲安全合作的新动向及发展趋势》，《西亚非洲》2017 年第 5 期。

就业、移民、外交和发展政策，参与的主体也很多元化。在埃塞俄比亚，德国职教合作的参与主体主要包括德国联邦经济合作与发展部（BMZ）、德国国际合作机构（GIZ）、德国复兴开发银行（KFW）、德国联邦职业教育研究所（BIBB）以及德国的民间机构等。德国联邦经济合作与发展部是德国发展援助政策的决策者，其下设有两个执行机构具体实施对外援助政策，德国国际合作机构主要负责技术援助，德国复兴开发银行主要负责财政援助，德国联邦职业教育研究所则主要提供职教领域的专业咨询。为了满足世界各地对于德国双元制职教培训的兴趣，进一步加强国际合作，德国联邦政府在联邦教育与科研部的倡议下建立了国际职业教育合作中心（GOVET），该中心设在波恩的联邦职业教育研究所内（见表3和图1）。

表3　德国参与埃塞俄比亚职教合作的主要援助机构及援助方式

德国援助机构名称	援助方式
德国国际合作机构（GIZ）	主要提供技术援助，派遣专家；为埃塞俄比亚联邦职教学院提供资金和技术援助
德国复兴开发银行（KFW）	主要提供财政援助；例如提供职教培训的小型工作坊，对外招标，寻找合适机构承办工作坊
德国联邦职业教育研究所（BIBB）	向埃塞俄比亚对德国双元制培训体系感兴趣者提供信息

资料来源：笔者根据在埃塞俄比亚调研期间的机构访谈资料整理。

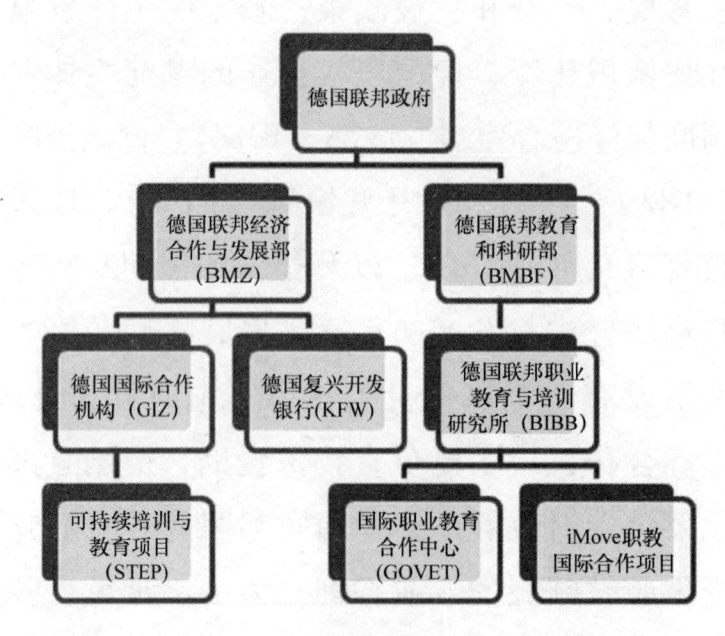

图6-1 德国对埃塞俄比亚的职教援助管理体系

资料来源：笔者根据 BMZ、GIZ、BIBB、DIE 的官网信息①及实地调研绘制。

德国与埃塞俄比亚的职教合作主要包括四种方式：一是参与埃塞俄比亚职教体系的设计，为埃塞俄比亚联邦政府提供咨询意见。二是通过德国国际合作机构派遣德国职教专家、为埃塞俄比亚当地的职教学校培训教师。目前德国与埃塞俄比亚在职教领域的合作主

---

① "Berufliche Bildung in der Entwicklungszusammenarbeit", BMZ, https://www.bmz.de/de/mediathek/publikationen/archiv/reihen/strategiepapiere/Strategiepapier322_8_2012.pdf; "Die Struktur der deutschen Oeffentlichen Entwicklungszusammenarbeit: Hintergruende, Trends und Implikationen fuer das BMZ und andere Bundesressorts", DIE, https://www.die-gdi.de/discussion-paper/article/die-struktur-der-deutschen-oeffentlichen-entwicklungszusammenarbeit-hintergruende-trends-und-implikationen-fuer-das-bmz-und-andere-bundesressorts/.

要是可持续培训与教育项目（STEP 项目）。该项目直接与埃塞俄比亚五大职教机构合作，覆盖 2 万名学生；为埃塞俄比亚职教机构的 6000 名教师提供培训；在埃塞俄比亚大学内设立职教中心；为埃塞俄比亚高等教育院校的领导和管理者提供领导力和管理培训。三是提供资金援助，招聘国际职教老师来埃塞俄比亚的职教院校任教。四是向埃塞俄比亚的各级政府和感兴趣者安排接待、参观和专业咨询。例如，2017 年 11 月，由埃塞联邦职教机构和各州职教系统组成的高级代表团曾访问德国，拜访了位于波恩的联邦职业教育研究所、科隆手工艺和贸易协会、北莱茵地区的两家德国企业，并了解了黑森州奥登瓦尔德区的职业教育和培训体系。[1]

3. 德国对埃塞俄比亚职教援助的特点

德国与埃塞俄比亚的职教合作对于德国的发展和外交政策来说是相对成功的，德国的发展合作采取了自上而下设计职教体系的路径，也起到了自上而下影响埃塞俄比亚政府职教规划的成效。目前，在埃塞俄比亚职教

---

[1] "High-ranking Delegates from Ethiopia Visit the Odenwald District on a VET Fact-finding mission", https://www.imove-germany.de/cps/rde/xchg/imove_projekt_international/hs.xsl/news.htm?content-url=/cps/rde/xchg/imove_projekt_international/hs.xsl/Delegates-from-Ethiopia-visit-the-Odenwald-district-on-a-VET-fact-finding-mission.htm.

领域，除了德国，也有瑞典、奥地利等多个援助国希望参与，但埃塞俄比亚政府最为信赖的仍是德国职教的品牌，正委托德国统筹协调不同援助国的项目，组织职教援助国圆桌会议，设定统一的职教标准。[①]

从埃塞俄比亚职教发展的角度来说，德国的援助仍有很大的提升空间。首先，改革教育制度是一项复杂的工程，职业教育尤其如此。职教处于教育体系和劳动力市场之间，必须与各种不同的行为体和机构对接。此外，职教体系是内嵌于一国特殊的经济、文化和社会体系内的，职教制度的复制只有在其他体系条件具备的情况下才能成功。德国对埃塞俄比亚的职教援助在一定程度上改变了埃塞俄比亚人对职业教育的偏见，但文化和价值观的培育不是一蹴而就的。因此，连德国专家自己也认为"德国的职教制度最好被视为（其他国家）创新的食粮，而不是改革的蓝图或出口的成品"[②]。

其次，由于德国企业在埃塞俄比亚的缺位，德国对埃塞俄比亚的职教援助利己动机和商业驱动偏弱，但也因此缺少了德国职教在国内取得成功的有力支

[①] 根据笔者2018年1月与德国国际合作机构（GIZ）埃塞俄比亚职教项目经理 Nicola Demme 女士的访谈资料整理。

[②] Dieter Euler, Clemens Wieland, "The German VET System: Exportable Blueprint or Food for Thought?", http://www.bertelsmannstiftung.de/fileadmin/files/BSt/Publikationen/GrauePublikationen/LL_GP_GermanVETSystem.pdf.

撑——德国中小企业的支持。这造成德国在埃塞俄比亚的职教模式出口是跛腿的。德国职教在其国内取得成功的核心原则包括：政府和私营部门的紧密合作——在德国，政府、雇佣方和工会共同构成职教体系的基本框架；在工作中学习——理论与公司实践结合的双元制教育。这两点都离不开私营部门的积极参与。在德国，法律规定手工业协会（HWK）、商会均有义务协调企业积极参与双元制。[1] 在埃塞俄比亚，德国的发展合作也将私营合作伙伴视作职教的重要伙伴。尽管德国国际合作机构努力促进埃塞俄比亚当地企业参与到双元制职教中，但迄今只有十几家埃塞俄比亚企业积极参与。[2] 私营企业参与职教需要长期的理念培育，德国的双元制经过几个世纪的演变，已深深扎根于德国文化之中。即便如此，德国只有25%的企业参与了职教培训。[3]

---

[1] BMZ, "Vocational Education and Training in German Development Policy", https://www.bmz.de/en/publications/archiv/type_of_publication/strategies/Strategiepapier326_08_2012.pdf.

[2] "High-ranking Delegates from Ethiopia Visit the Odenwald District on a VET Fact-finding Mission", https://www.imove-germany.de/cps/rde/xchg/imove_projekt_international/hs.xsl/news.htm?rdeLocaleAttr=de&&contenturl=/cps/rde/xchg/imove_projekt_international/hs.xsl/Delegates-from-Ethiopia-visit-the-Odenwald-district-on-a-VET-fact-finding-mission.htm.

[3] "Proceedings: International Symposium on Implementation Issues of Diversified Financing Strategies for TVET", https://www.giz.de/fachexpertise/downloads/en-conference-ethiopia-2007.pdf.

（三）埃塞俄比亚职业教育的南南合作：中国作为援助者和投资者

能力建设一直是南南合作区别于南北合作的重要特征，中国与埃塞俄比亚的职教合作一开始就是以授人以渔，而非授人以鱼的形式进行的。直至第四届中非合作论坛召开，中国才开始对埃塞俄比亚职教进行资金和技术援助，此后中国援建的埃塞俄比亚联邦职教学院还与上文提到的德国发展合作有了交集。目前，中国与埃塞的职教合作模式呈现出从以国家为主导、基础设施建设为主的职教援助向以市场为导向、以企业为主导的职教合作模式转变的趋势，后者既有优势，也存在不足。

1. 中非合作论坛下的中非职教合作

中国在非洲援建的第一个职业教育机构是20世纪80年代的苏丹恩图曼职业培训中心。[①] 中国对非洲成系统的职教援助则开始于第二届中非合作论坛，此后中国不断加强与非洲的职业教育合作，到2016年约翰内斯堡峰会时，中国政府承诺在非洲当地培养20万名

---

① 陈明昆、张晓楠、李俊丽：《中国对非职业教育援助与合作的实践发展及战略意义》，《比较教育研究》2016年第8期。

职业和技术人才，提供 4 万个来华培训名额。2018 年北京峰会中国承诺推动更多非洲青年参与中非合作，将在非洲设立 10 个"鲁班工坊"，向非洲青年提供职业技能培训，支持设立旨在推动青年创新创业合作的中非创新合作中心（见表 4）。

表 4　　中非合作论坛对非洲职教援助的承诺

中非合作论坛行动计划	与中非职教合作有关的举措
亚的斯亚贝巴行动计划（2004—2006 年）	建立高等院校与技能和职业教育培训学校间的交流渠道；中国将继续帮助非洲高等院校与技能和职业教育培训学校加强学科和专业的建设
北京行动计划（2007—2009 年）	每年为非洲国家培训一定数量的教育行政官员、大中小学及职业教育学校校长和骨干教师
沙姆沙伊赫行动计划（2010—2012 年）	倡议实施"中非高校 20 + 20 合作计划"，选择中方 20 所大学（或职业教育学院）与非洲国家的 20 所大学（或职业教育学院）建立"一对一"的校际合作新模式；加大为非洲国家中小学、职业院校培养和培训师资的力度；今后 3 年为非洲国家培训 1500 名校长和教师
北京行动计划（2013 年—2015 年）	中方将为非洲援助职业技术培训设施，为非洲国家培训职业技术人才，尤其帮助非洲青年和妇女提高就业技能
约翰内斯堡行动计划（2016—2018 年）	中方将支持非洲国家改造现有的或新建更多的职业技术培训设施，在非洲设立一批区域职业教育中心和若干能力建设学院，在非洲当地培养 20 万名职业和技术人才，提供 4 万个来华培训名额，帮助青年和妇女提高就业技能，增强非洲自我发展能力
北京行动计划（2019—2021 年）	将在非洲设立 10 个"鲁班工坊"，向非洲青年提供职业技能培训；鼓励并支持开展高层女性对话、专题研讨、技能培训、女企业家对口交流等，共同促进妇女全面发展，实施面向弱势群体的妇幼心连心工程

资料来源：笔者根据历届中非合作论坛行动计划整理。

2. 政府主导的中国—埃塞俄比亚职教合作

中国与埃塞俄比亚的职教合作始于 2001 年，当时埃塞俄比亚邀请中国农业专家到其农业职教学院执教，旨在借鉴中国农业职教模式，引进中国农业生产技术，学习中国农业发展经验，以提高其办学水平，培育农业技术实用型人才。值得注意的是，当时的中国农业专家是由埃塞俄比亚政府出资聘请的，因此中国—埃塞俄比亚职教合作刚开始并不是以中国援助埃塞俄比亚的形式进行的。但这样的合作模式仍符合南南合作的根本特征，因为技术援助、能力建设、知识共享，而非资金援助，一直是南南合作的核心要素。

直到第四届中非合作论坛召开，中国才开始对埃塞俄比亚职教进行资金和技术援助。中国对埃塞俄比亚的第一个职教援助工程是援建埃塞联邦职教学院（原名埃塞—中国职业技术学院）。截至 2016 年，埃塞—中国职业技术学院是中国政府对非援建的最大教育项目。该学院于 2005 年开工，2007 年竣工。[1] 2008 年，中国教育部委托天津职业技术师范大学（简称"天职师大"）作为牵头单位，承办埃塞—中国职业技术学院的教学工作。[2] 2018 年 1 月，笔者曾拜访埃塞

---

[1] 陈明昆、张晓楠、李俊丽：《中国对非职业教育援助与合作的实践发展及战略意义》，《比较教育研究》2016 年第 8 期。

[2] 李俊丽、陈明昆、章剑坡：《埃塞俄比亚职业教育的现状、特点及面临的挑战》，《世界教育信息》2016 年第 13 期。

联邦职教学院，除了学院门口非常醒目的"孔子学院"招牌①，"中国援助"的印记已不太显著。除了一直坚守的两位天职师大的中国老师长期任教外，埃塞联邦职教学院的外教大多为菲律宾籍，而联邦职教学院目前的主要资金援助方是德国国际合作机构（GIZ），德方除了援助机器设备，还负责外籍职教老师的招募和工资发放。

目前，中国与埃塞联邦职教学院的主要合作方式是派遣中方专家赴埃塞俄比亚提供短期培训。在孔子学院总部和天职师大的支持下，亚的斯亚贝巴孔子学院于2013年启动了中方职教专家赴埃塞俄比亚短期实地培训的特色项目。由天职师大派遣职教专家赴孔子学院进行有关职业技术方面的短期讲学和实地培训，帮助埃塞俄比亚解决相关领域最迫切的需求，实现对口援助。②

将孔子学院与职教援助相结合派遣短期专家的做法不失为中国援助的一种创新，在一定程度上缓解了埃塞俄比亚职教师资不足的问题，但也暴露了中国对埃塞俄比亚职教援助的短板。其一，国内援外职教老师派遣难问题日益突出。埃塞俄比亚政府对外籍职教

---

① 埃塞俄比亚目前有两所孔子学院，一所位于亚的斯亚贝巴大学内，一所位于埃塞联邦职教学院内。
② 高莉莉：《非洲孔子学院职业技术特色办学探究》，《西亚非洲》2014年第6期。

教师的要求较高，但学历、英语、技术水平兼备的教师在中国国内是稀缺资源，加之待遇、职称评定等现实因素的考虑，很难派遣出一支能够在埃塞俄比亚长期任教的职教队伍。目前天职师大采取的孔子学院与职教援助相结合的方法是对援助的创新，但也凸显了教育部对埃塞俄比亚职教的援助资金不足的问题。第二，中国援建项目的可持续发展问题。在埃塞—中国职业技术学院这一具体案例中，基础设施的援建由商务部负责，职教老师的派遣则由教育部负责。由于援助体系长期以来的碎片化，基建的援建规模虽然较大，但对于工程完工后的长期运营并没有周详的设计，导致援助工程无法可持续进行。德国国际合作机构的接手虽然使得埃塞联邦职教学院得以继续运转，但中国援助的品牌却随着学院的更名而几乎中断，令人扼腕。

2018 年，随着非洲第一条中国标准跨国电气化铁路亚吉铁路正式商业运营，中土集团与中国中铁联营体从建设方转变为运营方，中国对埃塞俄比亚的技术和职业教育培训也进入新的阶段。亚吉铁路与中国传统的"交钥匙"工程有两点显著不同：其一，合作模式向"建营一体化"转型，中资企业在运作亚吉铁路之初就将建成后的运营维护考虑在内。其二，铁路建设过程中注重属地化和对当地人才的能力培养。亚吉铁路项目劳务用工以当地人为主，并为非洲培育和储备一批了解、认同中国技术标准的属地化运营人才。项目累计在埃塞俄比亚雇佣当地员工4万人，在吉布提雇佣当地员工5000人以上。除普通劳务工人外，项目还雇用了大量当地高级雇员。为在随后6年将铁路运营技术传授给埃塞俄比亚方面，中土集团不仅派自己的铁路工程师、司机和技术人员到埃塞俄比亚去，对当地员工进行一对一教授，还在天津铁道职业技术学院对埃塞俄比亚员工进行培训。[①]

为了进一步增强对铁路人才的培训，提高人才储备，埃塞俄比亚向中方正式提出了建立埃塞铁道学院的请求。埃塞铁道学院将由中国政府提供无偿援助，中铁二院负责援建和硬件的规划，西南交通大学负责软件的规划。基础设施建设一直是中国的强项，但在这家非洲第一所铁道学院建成后，如何招募到合适的职教老师提供可持续的培训，关系到埃塞俄比亚和整个东非铁路人才的培养，也关系到亚吉铁路沿线经济走廊的成败，更考验着中国标准、中国技术是否能在非洲扎根。成败的关键是前期的规划是否成体系，能否发挥企业的主导作用。对此，埃塞联邦职教学院的案例为埃塞铁道学院提供了值得借鉴的经验和教训。

---

① 财政部政府和社会资本合作中心：《一带一路PPP项目案例——东非亚吉铁路项目》，http：//www.cpppc.org/zh/ydylal/5269.jhtml。

3. 企业主导的职教学院和技术培训

中国与埃塞俄比亚的职教合作模式正在从以国家为主导、基础设施建设为主的职教援助向以市场为导向、以企业为主导的职教合作模式转变。这种合作模式的优点是职业技能的培训由劳动力市场的需求驱动。与德国—埃塞俄比亚的职教合作模式相比，中国的优势在于在埃塞俄比亚活跃着的大量中资企业。据麦肯锡实地调研，埃塞俄比亚有689家中国企业。[①] 而德国在整个非洲大陆仅有不到1000家企业。中资企业有招募合适技术人才的内在驱动，并且能够快速反映劳动力市场的需求变化，为当地青年提供符合工业化需求的技能培训。

中国企业在埃塞俄比亚主导的职教培训主要以两种形式进行：一种是企业根据自身需求招募当地员工并提供企业需要的技能培训。例如，华坚集团曾先后从埃塞俄比亚派遣了500人去中国接受培训。正在埃塞俄比亚阿达玛工业园区内建立纺织服装生产基地的江苏阳光集团计划派遣200多名工人来华培训，每批50人，目前已到中国参加培训的有100人，这些参加

---

① 据中国商务部数据为161家。孙辕、Kartrik Jayaram、Omid Kassiri：《龙狮共舞：中非经济合作现状如何，未来又将如何发展？》，http://www.mckinsey.com.cn/wp-content/uploads/2017/06/ChinaAfrica_Cover-VF-highrez_CN-1.pdf，第28页。

培训的员工回到埃塞俄比亚后将承担起技术骨干和管理人员的责任。[①] 此类企业主导的培训完全以劳动力市场的需求为导向，培训技能与岗位直接相关，优势很显著，但也有不足。与埃塞俄比亚政府推崇的德国双元制理念相比，其最大的问题是培训和考试难以标准化，培训技能受到具体行业和企业的限制，因而无法保证劳动力在市场的流动性和社会的认可度，也影响了劳动力个人职业生涯的提升。

此外，中国企业在日常经营中组织的技术培训基本是独立于埃塞俄比亚政府主导的职教学校模式之外的（见图2），这在一定程度上造成了资源的错配和浪费。造成这种割裂的原因是：第一，职教学院毕业的学生可能对薪资水平要求更高，导致中资企业望而生畏，因此宁可从劳动力市场上自行招聘。第二，更常

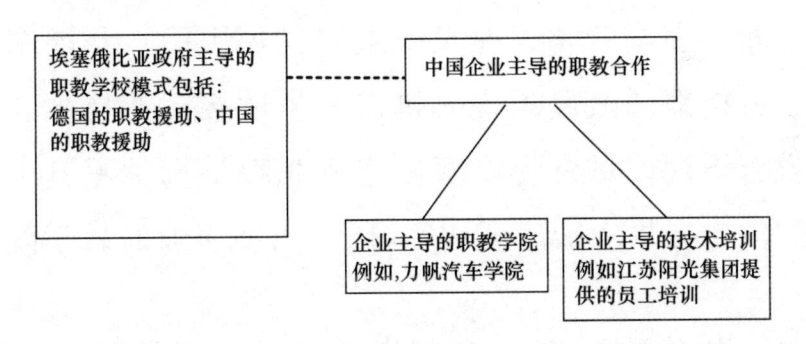

```
┌─────────────────┐          ┌──────────────┐
│ 埃塞俄比亚政府主导的 │- - - - - │ 中国企业主导的职教合作 │
│ 职教学校模式包括：  │          └──────┬───────┘
│ 德国的职教援助、中国 │                 │
│ 的职教援助         │         ┌───────┴────────┐
└─────────────────┘         │                │
                    ┌──────────────┐  ┌──────────────┐
                    │ 企业主导的职教学院│  │ 企业主导的技术培训│
                    │ 例如，力帆汽车学院│  │ 例如江苏阳光集团提│
                    │              │  │ 供的员工培训    │
                    └──────────────┘  └──────────────┘
```

图 2　埃塞俄比亚职教国际合作的两种模式（政府主导和企业主导）

资料来源：笔者绘制。

---

① 根据笔者实地调研中对江苏阳光集团负责人的访谈资料整理。

见的原因是，中国企业对埃塞俄比亚职教体系并不熟悉，与埃塞俄比亚职教学校之间联系较少。由于埃塞俄比亚劳动力充足，从当地劳动力市场也很容易招募到工人，因此不一定要与埃塞俄比亚的职教学校建立联系。

目前正在涌现的一种新的中资企业主导的职教模式是企业建立自己的职业培训学院。华坚集团计划在华坚工业城附近建一所能容纳3000名学生的培训学校，未来轻工业城的大部分工作岗位将从这个职业学校招聘。① 已在埃塞俄比亚从事汽车业务10周年的力帆汽车集团正与重庆工职院合作，筹备在埃塞俄比亚开办汽车培训学院。② 此前力帆一直为埃塞俄比亚技工提供短期培训机会，并为埃塞俄比亚与中国的大学牵线搭桥，派遣技工去中国的职校学习汽车课程。2017年开始，在联合国工业发展组织（UNIDO）和埃塞俄比亚科技部的鼓励下，力帆进一步链接工业技术和职业教育培训，每月为埃塞俄比亚职教学校学习汽车制造的学生提供实践培训和实习。③ 力帆企业职教学院的

---

① 根据笔者2018年1月对埃塞俄比亚华坚轻工业园总裁特别助理王秋的访谈资料整理。
② 根据笔者2018年7月对力帆汽车埃塞俄比亚公司负责人马群先生的访谈资料整理。
③ Birhanu Fikade, "Lifan Motors eyes auto academy", https://www.thereporterethiopia.com/article/lifan-motors-eyes-auto-academy.

建设是搭建埃塞俄比亚职教体系与中资企业之间桥梁的开端。

（四）中国、德国和埃塞俄比亚职教三方合作的必要性与可能性

目前，埃塞俄比亚政府主导的职教学校模式与中国企业主导的职教学院和技术培训是相对独立的，埃塞俄比亚政府的外在驱动和中国企业参与职业教育人才培养的内生动力未能有机结合，由于校企分家，埃塞俄比亚希冀复制的德国双元制职业教育在事实上尚未实现。中德两国在埃塞俄比亚的职教合作有共同的目标和挑战，也各有优势和不足，而中德多年的职教合作为三方合作奠定了基础。

1. 中国、德国与埃塞俄比亚职教合作的特点比较

一般认为，南北合作具有种种弊端，例如附加政治条件的援助，自上而下的不平等关系，以及缺乏受援国的参与等。但对中国、德国分别与埃塞俄比亚开展的职教合作进行调研发现，南南合作与南北合作各有优势，分工互补。德国与埃塞俄比亚的职教合作虽然是南北合作，但并不具有自上而下的特点，在实地调研中笔者没有发现德国凌驾于埃塞俄比亚政府之上

的现象。目前德国的职教合作以政府主导的形式实施也主要是因为埃塞俄比亚联邦政府自身的决策。埃塞俄比亚对德国模式的复制是出于自发的吸引,而不是强制。此外,中国、德国与埃塞俄比亚的职教合作面临着相似的困境和挑战,例如各自国内合作体系的碎片化。因此,南南合作与南北合作各自的特点和优势除了需要总结共性,还需要结合领域和案例具体分析。

德国与埃塞俄比亚的职教合作的特点在于从职教体系规划、课程设置等理念方面影响埃塞俄比亚的职教体系,帮助埃塞俄比亚制定统一的培训和考核标准,注重德国双元制品牌的塑造和输出;中国与埃塞俄比亚的职教合作历经从政府主导到企业主导的转变,强调以投资促进技术培训和技术转移。与德国相比,中国与埃塞俄比亚的职教合作直接与劳动力市场需求对接,合作很"实",即实实在在地为埃塞俄比亚创造了大量就业岗位,培养了大批技术工人,但合作缺少概念打造和品牌包装,因此影响了"中国职教"的品牌打造。

德国与埃塞俄比亚的职教合作在埃塞俄比亚当地主要通过其援助机构——德国国际合作机构实施,中国虽也存在政府主导的合作,但主要的参与方是中资企业(包括国企和民企),这两种合作方式各有所长。从发展合作有效性的角度看,中资企业的优势是能够直接对接当地劳动力市场的需求,推行以市场为导向的技术培训，但不足之处是中国的发展合作体系依靠中资企业将埃塞俄比亚需求传达、反映到中国政府决策部门，缺乏像德国国际合作机构这样能够超越行业、超越碎片化的思维，从总体统筹规划的发展合作机构的当地代表处。以德国为代表的南北援助也有其自身缺陷：援助项目需要追求短期的项目效果，需要向援助国的纳税人讲故事、摆成果，因此容易忽视甚至损害长期的效应。这在职教领域尤其如此，因为教育需要长期投入才能显现出效果。

表5　　　　中国、德国与埃塞俄比亚职教国际合作的特点

合作国	主要合作机构	合作理念	合作路径	合作特点
德国	德国国际合作机构（GIZ）	双元制	体系设计、课程设置、资金和技术援助	南北合作：强调制度性安排，品牌塑造成功
中国	国企和民企	从政府主导到企业主导转型，以投资促进技术培训和技术转移	直接对接技术培训和劳动力市场需求	南南合作：合作很"实"，但缺乏概念和品牌塑造

资料来源：笔者根据实地调研资料整理。

2. 三方合作的必要性

职业教育已成为埃塞俄比亚解决青年就业、实现工业化和经济发展的重要战略，但埃塞俄比亚的职教发展仍面临诸多挑战。首先，高等教育在短时间内的急剧扩张一定程度上加剧了青年就业的困境，甚至冲

击政治稳定。近年来埃塞俄比亚政府大力发展教育，埃塞俄比亚大学的招生人数从1990年的1万人增加到2015年的36万人，注册职业技术教育与培训的学生人数从1999年的5264人增加到2014年的27万多人。[1] 2000—2015年，埃塞俄比亚新开了32所大学，到2018年，埃塞俄比亚已有50所大学，每年约有10万名大学毕业生。2011—2014年，埃塞俄比亚新设立了414家职教机构，2015年注册的本科生人数达到7552000，职教生人数352000人。教育程度更高、勇于表达的青年一代因失业可能成为新的社会不稳定因素，甚至走上街头抗议政府。其次，教育的质量提升跟不上数量的扩张，职教教师和机构亟须能力培训。最后，职教学生掌握的技能往往不符合雇主的要求，造成人才与就业市场需求之间的错配，埃塞俄比亚职业教育急需与工业发展和劳动力市场需求挂钩。

中国和德国在埃塞俄比亚的职教国际合作有共同的利益，也有各自的优势和不足。埃塞俄比亚的政治稳定和经济发展是中德两国发展合作的共同目标，职教合作的成败关系到埃塞俄比亚的减贫、工业化乃至政治稳定。在埃塞俄比亚的职教合作成败也关系到中

---

[1] Yared Seid, Alemayehu Seyoum Taffesse, Seid Nuru Ali, "Ethiopia—an agrarian economy intransition", https：//www.brookings.edu/wp-content/uploads/2016/08/global_ 20160816_ ethiopia_ economy.pdf.

德两国的软实力和国际形象，于中国更是企业社会责任的体现。

弥合国家主导的职教学校模式和劳动力市场之间的鸿沟，需要中国与德国在埃塞俄比亚政府主导下的携手合作。尽管埃塞俄比亚以德国双元制为标本，但在事实上推行的是以职教学校为基础的国家主导模式。在欧洲，法国是国家主导模式的典型，职业培训由国家管理和资助，但提供的职业技能培训类型不能满足劳动力市场的需求。德国职业教育的核心是双元制，职教有学校和企业两个学习场所；有学校老师和企业实践导师两种类型的老师；有政府经费和企业投入两种资金来源，其核心是企业和学校的紧密合作。企业实践是其最为重要的一环。目前埃塞俄比亚职教学校主导的职业教育无法适应产业需求，而中国企业提供的职教和技术培训又几乎游离在埃塞俄比亚的职教体系之外。中国由于大量中资企业的存在有为企业培养合格人才的切切实实的需求，德国职教的体系设计享有世界声誉，而埃塞俄比亚政府又有提升职教质量的迫切需求。中德两国作为埃塞俄比亚职教国际合作的两大重要伙伴国，因接替援助埃塞俄比亚联邦职教而偶然有了交集，但由于南北合作、南南合作实施的路径不同，两国的职教合作在各自相对隔离的体系中运行，鲜有交流、接触与合作。埃塞俄比亚职教面临挑战，中德两国各有优势，形成了南南合作与南北合作分工互补的格局，三方携手将有利于埃塞俄比亚的产教融合，助力埃塞俄比亚实现可持续发展目标。

3. 三方合作的可行性

由于埃塞俄比亚政府强烈的自主发展意识，南南合作和南北合作都只是为埃塞俄比亚提供了参考和借鉴。正如埃塞俄比亚工业化的总设计师阿尔卡贝先生所说："埃塞俄比亚尤其强调积极主义国家政府在经济赶超中的作用……这一发展导向内生于埃塞，以埃塞俄比亚国情为基础。当然，对先驱国家优势，如德国的职业技术教育与培训（TVET）和高等教育体系、日本的持续改善式（Kaizen）生产系统、中国的工业园区等的模仿也在埃塞俄比亚经济发展中发挥了积极的作用。埃塞俄比亚悠久的独立历史和文明及向东亚国家学习的兴趣都是其发展思路的源泉。"[①] 三方合作最重要的是尊重东道国的主权。在职教的国际合作中，埃塞俄比亚政府始终都处于主导地位。这个政局相对稳定、经济高速增长、具有实现超速发展的强烈政治意愿的国家应有信心主导、参与三方合作。

在能力培训这一南南合作最重要的领域，中国与

---

① ［埃塞］阿尔卡贝·奥克贝：《非洲制造》，潘良、蔡莺译，社会科学文献出版社2016年版，第70页。

德国的携手合作具有开创性的意义。职教不涉及意识形态，是中国非常感兴趣的领域。2018年中非合作论坛北京峰会首次将能力建设行动专门列为一项重要举措，成为"八大行动"倡议之一，并鼓励中国企业参与中非青年合作。中国各民主党派2018年提交全国政协十三届一次会议的党派提案中，职业教育也是提案的热点。中国国内职教面临着与埃塞俄比亚共同的挑战——校企合作、产教融合。事实上，中德两国之间已开展近40年的职教合作，德国的双元制在中国引进多年。中德两国在埃塞俄比亚开展职教三方合作，不仅为埃塞俄比亚的职教带来益处，也有利于中国与德国的互相学习和借鉴。

目前，中德两国政府已经达成一致，在包括非洲在内的第三方市场开展合作。但双方在非洲的合作仍处于起步阶段。笔者在调研中发现，埃塞俄比亚与德国均有意愿与中国开展职教的三方合作。德国已意识到自身在埃塞俄比亚职教援助中的掣肘——缺乏企业的积极参与和有力支撑。手工业协会和商会在德国职教中发挥着重要作用，有力动员了企业，但埃塞俄比亚不愿意组建手工业协会，埃塞俄比亚商会也不热衷于支持企业参与职教。难得的是，中国的企业对在埃塞俄比亚开展职业教育有极大的热情和行动力。对中国政府来说，职教合作也有助于中国在发展合作中塑造自身的软实力，技术培训可以促进中国标准在埃塞俄比亚的认同度，推动中国—埃塞俄比亚发展合作从硬件合作、重物轻人向软件合作、理念融合转型。由于中德两国多年开展职教合作，中国对德国职教体系和德国联邦职业教育研究所等机构并不陌生，这为三方合作打下了基础。

职教三方合作的具体实施可依托中国在埃塞俄比亚的工业园，从试点项目开始，尽快建立中国、德国和埃塞俄比亚三方交流平台，充分发挥中国企业的积极性，在尊重埃塞俄比亚主导权的基础上与德国开展知识和经验的共享、项目的共同实施。试点项目可选取一家埃塞俄比亚职教学校、一家中国企业作为主要参与方，德国国际合作机构作为顾问开展合作，充分对接企业需求、学校培训和德国双元制理念。三方均应对参与职教培训的中国企业给予奖励措施，例如减免与培训费用等值的企业税收、对改善培训设施的资本支出给予补贴、将与技术培训有关的条款纳入劳动合同中（例如在公司完成培训后，早于合同规定的时间点离开公司的学员必须将部分培训费用退还给公司）等，以此鼓励中资企业更多地参与到埃塞俄比亚的职教培训中。

七 中欧非三方合作案例研究：中欧非在医疗领域的三方合作

（一）中国目前已开展的医疗领域的三方合作

中非医疗合作始自1963年中国向阿尔及利亚派出第一支医疗队。中国援非医疗队历史悠久，为非洲做了实实在在的事情，是中国为非洲国家提供的传统卫生公共产品，但在国际上知名度却没有达到相应高度。原因是中国传统的对非医疗援助是相对封闭的，没有参与联合国卫生组织等国际对非援助的体系。自2014年3月西非地区爆发埃博拉疫情以来，中国除向西非疫区国家提供双边援助，还支持和参与以世界卫生组织和联合国为核心的国际公共卫生多边治理体系。中国参与非洲抗击埃博拉疫情的多边合作产生了积极的溢出效应，中国与西方主要大国通过共同帮助非洲抵御和防控疫情实现了在非洲的良性互动。此外，中国企业也与国际组织、慈善组织和非政府组织在非洲开展合作。例如，澳柯玛公司与比尔·盖茨投资的基金达成合作协议，对其发明的疫苗储存技术进行生产和销售，专门为电力短缺、交通不便的非洲运输疫苗。

1. 共同抗击埃博拉的行动

自 2014 年西非暴发埃博拉疫情以后，中国正式拉开了对非洲系统性公共卫生援助的序幕。2015 年《中非公共卫生合作计划》承诺，中方将参与非洲公共卫生防控项目和能力建设，支持非洲疾病防控能力建设工作。中国将会派出专家，在技术支持、人员培训、卫生应急等方面与非洲保持着密切的合作，从而切实帮助提高非洲疾病防控的能力，促进非洲人民的健康。[①]

在 2014 年抗击西非埃博拉疫情的援助行动中，中国政府积极参与国际协调与合作，推动三方合作行动。中国政府派员参加了联合国应对埃博拉疫情的特派团和世界卫生组织等国际组织的疫情防控工作，积极支持联合国世界卫生组织等国际组织开展抗击埃博拉疫情的工作，与国际组织建立各层通报机制，保持密切沟通。在联合国世界卫生组织的统筹协调下，秉持积

---

① 王立立、董小平：《中非公共卫生合作机遇与挑战》，《中国投资》（非洲版）2019 年第 1 期。

极开放包容的原则,坚持"受援国需要、受援国同意、受援国参与"的前提,与美国、英国、法国等西方援助国,在沟通协调疫情分析、人员培训、检测治疗、信息共享等领域开展合作,推动了大国良性互动,在此次抗击埃博拉疫情合作的推动下,中美和中英分别于2015年9月26日和10月21日签署了首个发展合作谅解备忘录,推动了中国同传统援助国之间的合作。[①]

目前,中国在非洲医疗卫生领域的主要三方合作伙伴国是美国、法国和英国。2014年在抗击西非埃博拉疫情期间的合作基础上,中美在2016年第八轮中美战略与经济对话中就加强非洲公共卫生能力达成了共识。双方共同承诺与非盟及其成员国合作,共同推动非洲疾病控制和预防中心的规划和运作,在基础设施和能力建设方面提供支持。提供中央基础设施建设、配套设备、信息系统建设等配套,派遣专家,协助培养专业人才。中美双方签署了关于与非洲联盟就建立疾病预防控制中心开展双边合作的谅解备忘录,并派出专家组参加非洲疾病预防控制中心选址的准备工作。2017年2—4月,中美两国公共卫生专家在埃塞俄比亚疾病预防控制中心进行了专业联合培训。

[①] 王忱:《中国抗击非洲埃博拉援助行动案例分析》,黄梅波、徐秀丽、毛小菁主编《南南合作与中国的对外援助案例研究》,中国社会科学出版社2017年版,第62页。

2. 中英全球卫生支持项目

中英全球卫生支持项目（简称 GHSP 项目）是中英两国政府合作开展的一个探索性项目，旨在聚焦全球卫生领域，建立新型发展伙伴关系，开创中英卫生合作的新纪元。项目依据 2012 年 9 月 17 日中英两国签署的合作谅解备忘录创建，由英方提供 1200 万英镑技术合作资金，在英国国际发展部（DFID）、中国国家卫生健康委员会和中国商务部三方代表组成的战略指导委员会（SOC）领导下开展工作，国家卫生健康委项目监管中心承担项目管理办公室（PMO）职责。GHSP 项目致力于提升中国参与全球卫生治理和卫生发展援助的能力，探讨中英两国就共同关切的重大卫生健康议题展开合作的路径。过去 6 年间，GHSP 项目先后支持了 15 家中国机构与 80 多家国内外合作机构在以下几方面开展了大量扎实有效的工作。

第一，梳理中国医药卫生领域的实践经验及教训，主要涉及卫生体系建设、传染病防控和妇幼卫生，并进行中国经验在境外的国别适应性分析。

第二，开展卫生发展援助和全球卫生治理的一系列研究和培训，提升中国卫生援外能力，为政府制定中国全球卫生战略提供咨询。

第三，探索与亚非低收入发展中国家实施有效卫生发展合作的路径和做法，由中国机构与当地机构协作开展基于中国经验的干预实践，包括埃塞俄比亚和缅甸的妇幼与生殖健康干预试点、坦桑尼亚疟疾防控试点，以及塞拉利昂公共卫生能力建设项目等。

第四，GHSP 项目还协助中英两国开展政府间全球卫生对话，促进中英在全球卫生领域的各种交流，全面加强双方的专业合作。

该项目契合时代需要，设计全面合理，管理科学规范，倡导全球卫生理念，推动了国家全球卫生战略制定进程。项目注重搭建研究与决策之间的桥梁，在中国经验、卫生发展援助和全球卫生治理方面开展了大量政策研究，形成数量可观的研究报告、期刊文章和书稿，特别是形成了一批高质量的政策简报。项目以"干中学"的方式开展能力建设，提高机构和人员的研究分析、知识传播、提供培训、政策咨询和境外实践等能力，促进了中国全球卫生人才队伍的建立。项目注重"跨学科、跨部门、跨领域"的理念，建立了中国全球卫生网络，为中方机构搭建交流平台，同时促进中国机构与英国以及其他 20 多个发达和发展中国家的机构建立合作伙伴关系。GHSP 项目在境外开展公共卫生干预项目，探索新型卫生发展合作模式，将对深入推进"一带一路"卫生健康交流合作提供有益借鉴。这些成果使 GHSP 项目具备了可持续发展的潜力，为下一步中英双方在全球卫生领域继续开展合作奠定了坚实基础。①

除主权国家外，中国还与国际组织、慈善组织和非洲卫生部门的非政府组织合作。例如，澳柯玛公司与比尔·盖茨投资的基金合作研发制造出的新型疫苗储存设备 Arktek 获得了世界卫生组织认证。同时，经联合国儿童基金会正式批准，澳柯玛成为联合国全球采购供应商。中国还表示愿意与世界银行在非洲卫生方面进行合作。

（二）中欧在非洲卫生领域开展三方合作的必要性

首先，中国在非洲驻有大量企业和人员，疾病的蔓延会危及非洲人民和中国人民的生命安全。其次，加强医疗卫生领域的合作有助于增强中国的软实力。最后，从长远看，三方合作有助于推动中国企业在非洲布局医药投资。中国医药企业投资非洲的第一个项目是 1996 年上海医药有限公司（SPC）与苏丹国营医药公司（CMS）在苏丹喀土穆建立的"上海—苏丹制药有限公司"（SSPC）。截至 2017 年，共有 5 家中国企业在苏丹、科特迪瓦、加纳、尼日利亚、马达加斯

---

① GHSP 项目，http：//cps.nhfpc.gov.cn/ghsp/index.shtml。

加和马里 6 个非洲国家投资了 6 家医药生产企业。总的来说，这 6 家医药生产企业规模较小，生产的药品剂型较为单一，基本位于非洲"非主流医药市场"国家。可以说，中国医药企业投资非洲处于起步和"探索性"阶段。①

投资非洲医药市场需要加强与国际组织、非洲区域性组织和非洲国家政府的标准、认证协调。在政府层面上强化与世界卫生组织等国际机构在医药预认证（PQ）上的协调沟通，世界卫生组织预认证体系是被全球广泛认可的药品资格认证系统。一旦某家公司或某个产品通过这一认证，即可参与国际组织在全球的产品采购投标。目前，非洲 80% 的药品供应通过这一流程采购。

从全球角度来看，面对贫穷、不平等、健康和人类安全的新格局，需要采取变革性的办法对全球风险社会进行负责任的治理。中国和西方援助国有着共同的全球风险和共同的全球责任。在短期内，各国之间可能会有竞争。但从长期来看，中国和西方在非洲有着共同的利益：一个稳定、健康、安全和繁荣的非洲。此外，从中国自身的国家利益出发，三方合作有助于提升中国作为全球参与者的形象，更重要的是，三方

---

① 迟建新：《中国参与非洲公共卫生治理：基于医药投资合作的视角》，《西亚非洲》2017 年第 1 期。

合作也有利于建设和提升中国自身提供卫生援助的能力。

（三）关于中欧非开展卫生领域三方合作的建议

过去，中国对西方国家提出的在非洲开展三方合作的主张持谨慎态度，中国担心西方想将中国纳入西方引导的国际发展体系。此外，中国不想同西方国家一起干涉非洲事务。与主权国家相比，中国更乐于参与联合国组织的三方合作。随着中国开展三方合作的意愿日益增强，今后在不同层次的合作领域也应逐渐开展。

第一，中国可以学习西方国家如何与民间社会组织合作，在非洲当地社区开展工作。事实上，中国以双边为主的对非援助体系已经发生改变，非政府组织、企业等多元主体参与其中。与欧洲非政府组织合作可以提高中国的信誉，并帮助培训更多的当地人才。与西方的看法不同，中国与许多国际非政府组织建立了良好的关系。例如，无国界医生组织自1989年以来就在中国开设办事处。在笔者对弗洛里安·威斯特法尔（Florian Westphal）的访谈中，无国界医生组织称赞中国正在成为人道主义援助领域的关键参与者，特别是中国在抗击埃博拉病毒方面的努力被称赞为非洲"最好的伙伴"。威斯特法尔呼吁,"我们需要一个新的非政府组织法律,这可能给我们(无国界医生组织)更多的机会参与"①。

经合组织国家发展援助委员会前主席理查德·曼宁(Richard Manning)建议中国应在社区层面对非洲开展工作,利用医疗队帮助中国与非洲当地的规划系统建立联系。例如,英国国际发展部能够让其工作人员去接触和了解受援国卫生部和其他援助国的人员。中国在做出重大承诺前,应确保与受援国卫生部进行充分地交流,了解当地需求。中国与欧洲的社会组织在非洲开展三方合作,有助于中国了解欧洲组织如何与当地社区交往。②

第二,中国可以借鉴西方国家如何创新卫生援非模式。在中国,援非医疗队由各对口援助的省(直辖市、自治区)派遣。中国正面临援非医疗人才的短缺,中国不仅缺乏被派往国外的医学专家,而且缺乏了解当地医疗卫生体系和当地需求的官员、适应非洲当地文化的人。英国国际发展部则开放申请系统,有能力和意愿的公民申请并通过考核后均可加入援非队伍。

---

① 根据笔者 2016 年 10 月 12 日对无国界医生组织全球卫生政策的弗洛里安·威斯特法尔先生的访谈资料整理。
② 根据笔者 2016 年与理查德·曼宁先生的访谈资料整理。

中国可以从这一经验中学习，培养愿意长期在非洲工作的医疗团队。中国过去主要由共青团中央负责招募海外志愿者。现在，渠道正变得越来越多样化，中国政府的非政府组织也参与了这一领域。例如，2016年，中国扶贫基金会应缅甸和老挝的要求，招募派往海外的中国志愿者，收到了大量的申请。中国与欧洲援助国在非洲开展合作，可以向西方组织学习如何派遣青年人才，培养熟悉国际规则和方法的中国发展领域的专业人员。

当前中国医疗队主要承担两个职能：一是为非洲当地人民提供服务；二是为当地医生和护士提供技术援助，培训当地医生。未来的援非医疗队也应积极与当地政府和人民对话，并参与卫生项目的设计过程。医疗队应该成为中国卫生援助的耳朵和眼睛，帮助中国更好地设计卫生援助，整合资源。

第三，中欧非合作开展对非洲医护人员的能力建设。过去，中国提供的技术援助通常是作为大型基础设施项目中附加的项目。例如，在非盟总部大楼建设期间和之后，中国派遣技术专家培训当地人员并提供维修支持。今后，中国将加强技术援助。技术援助不仅将成为承包项目的附属方案，而且将成为旨在加强受援国能力建设的专项方案。欧盟和欧洲援助国大多将技术培训和能力建设作为重要的援助项目，中国和欧洲国家在非洲可以利用各自的优势，设计和实施联合培训计划。

第四，三方合作可以帮助中国完善医疗援助项目的总体设计，包括可行性调研以及项目实施后的监测和评估。中国一般是根据非洲伙伴国政府的请求提供援助，但非洲伙伴国政府提出的项目不一定能完全满足当地的实际需求，因此影响了中国援助项目的实施。中国可以向欧洲援助国学习如何与非洲当地合作伙伴协商，并在决定设立项目之前投入更多时间来了解情况和设计援助项目。欧洲援助国通常花较长时间来设计援助项目，中国则在项目规划和执行阶段更有效率。两种方法都有各自的优点和缺点，中国和欧洲国家可以在非洲共同设计一个项目，吸取不同方法的经验教训。此外，中国过去的评价体系注重数量，但缺乏对项目影响的评估，欧洲则在项目评估方面形成了完整的体系，可以为中国提供借鉴经验。

八　政策建议

由于国际形势的变迁和中国自身更加积极应对国际事务的态度变化，中欧非三方合作迎来从讨论到机制建设和实践操作的新契机。10年前，非洲对三方合作并不感兴趣，如今非洲的态度是否有所改变需要重新调研。中国提出的三方合作原则"非洲提出、非洲同意、非洲主导"是否仍符合现实需求也需要重新探讨。对此，本报告提出以下政策建议。

（一）调研非洲对三方合作的最新态度

中国驻非洲国家各大使馆、经参处可通过问卷调查、访谈等形式调研非洲对中欧非三方合作的真实态度和看法，以及非洲认为应优先合作的领域和项目。如有非洲国家对三方合作不满或不感兴趣，则应找出原因进行释疑。

（二）建立中欧非三方对话机制

中欧应就具有全球重大影响的国际和地区问题加强对话与沟通，建立中国与欧盟及其成员国、非盟及其成员国的三方对话机制。三方对话机制与中欧涉非事务对话机制的区别在于，非洲方参与对话，能够最大限度地听取非洲的意见，消除非洲可能产生的疑虑。中方应确立国家国际发展合作署（以下简称"国合署"）作为统筹三方合作的机构。

（三）加强中欧驻非使馆在非洲当地的对话磋商

加强中欧驻非使馆在非洲当地的对话磋商，通过当地的使馆了解非洲的需求，探讨中欧在非洲开展三方合作的优先领域和具体项目。欧洲援助国有在非洲当地召开援助国圆桌会议的惯例，目的在于协调各援助国的项目，保证援助资源的优势互补和利用效率。中国驻非使馆人员可应邀参加此类会议，通过与其他欧洲援助国的沟通探讨适合在当地开展的三方合作领域和项目。

（四）加强中欧社会组织在非洲的合作

加强中国社会组织"走出去"，参与中国的援助和投资项目，帮助讲好中国故事，是中国对非援助下一步应加强的工作。欧洲的非政府组织积累了大量的利用援助资金、在非洲当地开展扶贫、医疗卫生和教育工作的经验。通过三方合作，中国可增强社会组织从事海外援助的经验，提高中国社会组织从业人员参与国际发展合作的能力，并树立中国援助参与主体多元化、承担更多国际责任的大国形象。

（五）加强联合研究，建立中欧非三方合作案例库

通过中欧非的联合研究，梳理和总结已有的三方合作（如中德可持续发展中心）的成功经验和失败教训，建立三方合作案例库。在中欧非政府对话中展示三方合作旗舰项目的成果，增强说服力。

（六）考虑适时调整涉非三方合作指导原则

李克强总理于2014年首度提出"非洲需要、非洲

同意、非洲参与"的涉非三方合作指导原则，习近平主席又于2015年在中非合作论坛约翰内斯堡峰会暨第六届部长级会议上正式将其升级为"非洲提出、非洲同意、非洲主导"。在实际操作过程中，由于非洲自主性和治理能力不足，以及对三方合作的不熟悉、不了解，很难由非洲提出和主导。涉非三方合作原则可适时调整为"非洲同意、非洲受益"，不管由中欧非何方提出，只要是对非洲有利的，经非洲同意后均可开展合作。

（七）建立中欧非三方合作基金

建立中欧非三方合作基金。中国与非洲国家已设有中法共同投资基金模式等第三方共同投资基金。第三方市场合作基金的目的是充分发挥金融支撑引领作用，按照"政府引导、企业主体、市场运作"的原则，通过股权、债权等多种方式，为双方企业进行项目合作以及共同投资第三方市场项目提供融资支撑，实现长期可持续合作。与第三方共同投资基金不同，中欧非三方合作基金不应以市场盈利为导向，而应以非洲发展为目标，为三方合作的可行性调研、农业和医疗等涉及非洲民生领域的三方合作提供资金保障。

参考文献

中文文献

陈明昆、张晓楠、李俊丽:《中国对非职业教育援助与合作的实践发展及战略意义》,《比较教育研究》2016 年第 8 期。

程诚:《亚投行"圈粉"的 3 个秘笈》,《人民日报》2017 年 6 月 21 日海外版。

迟建新:《中国参与非洲公共卫生治理:基于医药投资合作的视角》,《西亚非洲》2017 年第 1 期。

冯仲平:《如何理解当前中欧关系》,中美聚焦网,http://cn.chinausfocus.com/m/38454.html。

高莉莉:《非洲孔子学院职业技术特色办学探究》,《西亚非洲》2014 年第 6 期。

高美:《密松之痛——中资企业在缅甸赢取认可的艰难故事》,http://www.21ccom.net/html/2016/zlwj_0112/666.html。

贺文萍：《非洲安全形势特点及中非安全合作新视角》，《亚非纵横》2015年第2期。

贺文萍：《中国援助非洲：发展特点，作用及面临的挑战》，《西亚非洲》2010年第7期。

金玲：《欧非关系转型——从"依附"到"平等"》，《国际问题研究》2008年第3期。

雷雯、王伊欢、李小云：《制造"同意"：非洲如何接纳中国农村的发展经验？——某中坦援助项目的发展人类学观察》，《广西民族研究》2017年第3期。

李安山：《论中国对非洲政策的调适与转变》，《西亚非洲》2006年第8期。

李俊丽、陈明昆、章剑坡：《埃塞俄比亚职业教育的现状、特点及面临的挑战》，《世界教育信息》2016年第13期。

李小云：《2015后发展议程及可持续发展议程分析》，《东方早报》2015年10月20日。

李小云、肖瑾：《新南南合作的兴起：中国作为路径》，《华中农业大学学报》（社会科学版）2017年第5期。

林毅夫：《中国经济崛起与南南合作》，《第一财经日报》2016年9月19日A11版。

刘贵今：《理性认识对中非关系的若干质疑》，《西亚非洲》2015年第1期。

庞中英:《全球治理转型中的中欧"战略伙伴"关系》,《当代世界》2015年第7期。

庞中英:《未来5年是中国"强起来"的华丽时段,"强起来"的中国对世界意味着什么?》,《华夏时报》2018年3月6日第37版。

施美白、熊炜:《中欧战略伙伴关系的认知差异》,《公共外交季刊》2014年第2期。

时殷弘:《关于中国对外战略优化和战略审慎问题的思考》,《太平洋学报》2015年第7期。

孙辕,Kartrik Jayaram,Omid Kassiri:《龙狮共舞:中非经济合作现状如何,未来又将如何发展?》,http://www.mckinsey.com.cn/wp-content/uploads/2017/06/ChinaAfrica_ Cover-VF-highrez_ CN-1. pdf。

唐丽霞、祝自东:《"FAO+中国+东道国"农业三方合作案例研究》,载黄梅波、徐秀丽、毛小菁主编《南南合作与中国的对外援助案例研究》,中国社会科学出版社2017年版。

王忱:《中国抗击非洲埃博拉援助行动案例分析》,载黄梅波、徐秀丽、毛小菁主编《南南合作与中国的对外援助案例研究》,中国社会科学出版社2017年版。

王立立、董小平:《中非公共卫生合作、机遇与挑战》,《中国投资》非洲版2019年第1期。

王逸舟:《创造性介入:中国之全球角色的生成》,北京大学出版社 2013 年版。

武雅斌主编:《新时期中非发展合作研究报告》,中国商务出版社 2018 年版。

徐伟忠:《中国参与非洲的安全合作及其发展趋势》,《西亚非洲》2010 年第 11 期。

张春:《涉非三方合作:中国何以作为?》,《西亚非洲》2017 年第 3 期。

张春:《试析中美在非洲的竞合关系》,《教学与研究》2012 年第 6 期。

张宏明:《中国与非洲的发展合作》,载张宏明主编《中国和世界主要经济体与非洲经贸合作研究》,世界知识出版社 2012 年版。

张梦旭:《把南南合作推向新的高度》,《人民日报》2017 年 9 月 9 日第 3 版。

章剑坡:《"埃革阵"执政以来埃塞俄比亚职业教育》,硕士学位论文,浙江师范大学,2016 年。

周瑾艳:《德国与非洲安全合作的新动向及发展趋势》,《西亚非洲》2017 年第 5 期。

周瑾艳:《国际合作体系变迁下的新南南合作及中国方案》,《区域与全球发展》2018 年第 5 期。

周瑾艳:《中、德在埃塞俄比亚职业教育领域开展三方合作的新机遇》,《德国研究》2018 年第 4 期。

周瑾艳:《中英非和平安全合作的前景与挑战》,《国际展望》2016年第6期。

[埃塞]阿尔卡贝·奥克贝(Arkebe Oqubay):《非洲制造》,潘良、蔡莺译,社会科学文献出版社2016年版。

外文文献

Alexander Demissie & Moritz Weigel,"New Opportunities for EU-China-Africa Trilateral Cooperation on Climate Change", https://www.die-gdi.de/en/briefing-paper/article/new-opportunities-for-eu-china-africa-trilateral-cooperation-on-combatting-climate-change/.

Anand Menon,"Littler England: The United Kingdom's retreat from global leadership", *Foreign Affairs*, November/December 2015.

Birger Fredriksen, Tan Jee Peng,"An African Exploration of the East Asian Education Experience", file://D:/Downloads/African_ exploration_ of_ East_ Asian_ Education_ Experience.pdf.

Birhanu Fikade,"Lifan Motors Eyes Auto Academy", https://www.thereporterethiopia.com/article/lifan-motors-eyes-auto-academy.

Dambisa Moyo, *Dead Aid: Why Aid is not Working and*

how There is a better way for Africa, London: Allen Lane, 2010.

Dieter Euler & Clemens Wieland, "The German VET System: Exportable Blueprint or Food for Thought?", http://www.bertelsmannstiftung.de/fileadmin/files/BSt/Publikationen/GrauePublikationen/LL_GP_GermanVETSystem.pdf.

D. Brent Edwards Jr., IngaStoren, "The World Bank and Educational Assistance", Oxford Research Encyclopedia of Education, http://education.oxfordre.com/view/10.1093/acrefore/9780190264093.001.0001/acrefore-9780190264093-e-43.

Florian Kitt, "EU Aid Architecture: Recent Trends and Policy Directions", The World Bank Group working paper, 2010, http://documents.worldbank.org/curated/en/2010/01/12059403/eu-aid-architecture-recent-trends-policy-directions.

Gu, J., Holmes, P., Rollo, J. and Snell, S. with Mendez-Parra, M. and Procopio, M., 2017, China-UK-Africa Trilateral Cooperation on Trade and Investment: Prospects and Challenges for Partnership for Africa's Development, IDS Evidence Report 218, Brighton: IDS.

Henning Melber, "Europe and China in Africa: Common

Interests and/or Different Approaches?", Asia Paper of Sweden Institute for Security & Development Policy, 2013, http://isdp.eu/content/uploads/publications/2013-melber-europe-and-china-in-africa.pdf.

Kevin Gray & Barry K. Gills, 2016, "South-South Cooperation and the Rise of the Global South", *Third World Quarterly*, 37: 4.

Markus Linten, Sabine Pruestel, "Internationale Zusammenarbeit und Transfer in der Berufsbildung", https://www.bibb.de/dokumente/pdf/a1bud_auswahlbibliografie-internationale-zusammenarbeit.pdf.

Paul Bennell & Jan Segerstrom, "Vocational Education and Training in Developing Countries: Has the World Bank Got It Right?", *International Journal of Educational Development*, Volume 18, Issue 4, July 1998.

Philip Foster, "The Vocational School Fallacy in Development Planning", in ArnoldArnold Anderson/Mary Jean Bowman (eds.), *Education and Economic Development*, Chicago: Aldine, 1965.

William Easterly, *The White Man's Burden: Why the West's Efforts to Aid the Rest have done so Much Ill and so Little Good*, New York, Penguin Publishing, 2006.

Yared Seid, Alemayehu Seyoum Taffesse & Seid Nuru Ali,

"Ethiopia—An Agrarian Economy in Transition", https://www.brookings.edu/wp-content/uploads/2016/08/global_20160816_ethiopia_economy.pdf.

周瑾艳，法学博士，德国汉堡大学和平与安全硕士，同济大学法学学士，现任中国社会科学院西亚非洲研究所、中国非洲研究院助理研究员。曾在德国伯尔基金会、欧盟驻华代表团政务处任职多年。主要研究领域包括非洲发展问题，中国与西方对非洲的发展援助比较、三方合作等。曾赴德国发展研究所、印度观察者基金会、安哥拉多斯桑托斯基金会等机构学术交流，在埃塞俄比亚、安哥拉等非洲国家多次实地调研，完成世界银行、英国国际发展部、巴西金砖国家政策研究中心、美国约翰霍普金斯大学高级国际问题研究院等委托的多项课题，在《国外社会科学》《国际展望》《西亚非洲》《德国研究》《文化纵横》等期刊发表论文数篇。